소기업 및 소상공인을 위한

인사노무행정 실무참고서

행정사 김 종 환 편저

청어 도서출판

소기업 및 소상공인을 위한

인사노무행정
실무참고서

행정사 김종환 편저

저자의 말

이 책을 발간하게 된 배경은 본인이 소기업 사업주로서 그리고 행정사로 업무를 수행하는 과정에서 많은 시행착오를 거치면서 그동안의 경험을 통해 체득한 내용으로 소상공인 및 소기업을 운영하는 분들에게 도움을 드리고자 만들었습니다.

이 책은 그야말로 참고서로서 5인 이상의 근로자를 두고 있으면서 인사노무부서나 관련 실무자를 별도로 두지 못하는 소상공인 및 소기업 사업주나 업무담당자들이 업무수행과정에서 참고서의 역할을 할 수 있도록 필요한 서식과 작성방법까지 세세히 수록하였습니다.

인사노무행정은 사업체를 운영하면서 가장 기본이 되는 내용이지만 경험해보지 않은 사람들에게는 쉬운 일은 아닐 것입니다.

따라서 이 책은 학생들이 문제를 풀 때 참고서를 활용하듯이 평소 인사노무행정분야의 업무를 수행하는 분들이 인사노무행정 참고서만 곁에 두고 있으면 전문가 못지않게 업무를 수행할 수 있으리라 생각합니다.

이 책으로 소상공인 및 소기업을 운영하시는 분들이 업무수행과정에서 시행착오를 최소화하여 효율성을 증대하고 시간을 절약하여 사업체의 목적달성에 역량을 집중할 수 있는 계기가 되시기를 희망합니다.

감사합니다.

김종환

Contents

소기업 및 소상공인을 위한

인사노무행정
실무참고서

01. 근로계약서(근로기준법 제2장)

(1) 근로계약서

근로계약서는 근로기준법 및 민법에 의거 사업주와 근로자가 근로 관계를 체결하기 위해서 필수로 작성해야 하는 문서입니다.

(2) 근로계약의 위법성

1) 기준에 미치지 못하는 근로조건을 정한 근로계약은 그 부분에 한정하여 무효로 합니다.

2) 제1항에 따라 무효로 된 부분은 근로기준법에서 정한 기준에 따릅니다.

(3) 근로계약서에 포함되어야 할 내용(근로기준법 제17조 참조)

1) 임금

시급, 일급, 월급, 포괄임금 및 휴일근로 수당 등에 대해 표기하시면 됩니다.

2) 소정근로시간

"소정근로시간(1일 8시간, 주5일 근무), 시업과 종업시간"을 표기하시면 됩니다.

3) 휴식시간 및 휴일

"휴식시간은 점심기간을 포함하여 00:00~00:00까지로 하며, 휴일은 근로자의 날, 주휴일, 국가공휴일로 한다."와 같이 작성하시면 됩니다.

4) 연차 유급휴가

"연차유급휴가는 근로기준에 준한다."라고 표기해도 무방합니다.

5) 그밖에 근로조건

업무내용, 근무부서(장소), 퇴직금제도, 근로계약서 교부 그 외 사업장의 특성을 표기하시면 됩니다.

● 임금
 - 월(일, 시간)급: 원
 - 상여금: 있음 (   )   원, 없음 (   )
 - 기타급여(제수당 등): 있음 (   ), 없음 (   )
   ·   원,   원
   ·   원,   원
 - 임금지급일: 매월(매주 또는 매일)   일(휴일의 경우는 전일 지급)
 - 지급방법: 근로자에게 직접지급(   ), 근로자 명의 예금통장에 입금(   )

● 소정근로시간: 시   분부터   시   분까지(휴게시간: 시   분 ~   시   분)

● 근무일/휴일: 매주   일(또는 매일 단위)근무, 주휴일 매주   요일

● 연차유급휴가
 - 연차유급휴가는 근로기준법에서 정하는 바에 따라 부여함

● 근로계약서 교부
 - 사업주는 근로계약을 체결함과 동시에 본 계약서를 사본하여 근로자의 교부요구와 관계없이 근로자에게 교부함(근로기준법 제17조 이행)

※ [별첨01 근로계약서 양식]을 참조하여 작성하시면 됩니다.

(4) 근로계약서 작성 전 사업주가 할 일

1) 근로계약의 주요 내용을 고지해야 합니다.

근로계약서는 여타의 보험계약서와 달리 고지의무를 다하지 않았다고 하여 문제될 것은 없습니다. 다만 근로자가 새로이 입사하는 사업장에 대해 잘 모르는 부분을 사전에 알려 준다는 차원에서 고지해 주는 것이 좋을 것이라 생각합니다.

2) 근로계약서 내용 및 근로계약서에 없는 내용은 취업규칙이나 근로기준법에 준한다고 고지하시면 됩니다.

(5) 근로계약서 교부

1) 근로기준법 제17조에 의거 근로계약서를 교부하여야 합니다.

2) 다만, 사업장에서 단체협약 또는 취업규칙의 변경 등으로 근로계약서가 변경되는 경우에는 근로자의 요구가 있으면 그 근로자에게 교부하여야 합니다.

(6) 포괄임금제 근로계약서

1) 포괄임금제란

① 연봉 속에 기본임금과 모든 법정 수당을 포함해 지급하는 방식으로 근로 포괄계약서는 이를 약정한 계약서입니다.

② 포괄근로계약서는 감시·단속적 근로와 같이 근로시간의 산정이 어려운 경우에 작성합니다.

③ 요건은 체결된 포괄임금제 계약이 근로자에게 불이익이 없고 여러 사정에 비추어 정당하다고 인정되어야 합니다.

2) 포괄임금제 근로계약서 구성

① 포괄임금의 항목과 시간을 정확하게 명시하도록 합니다.

② 계약 기간은 근로자의 최초 근로제공일로부터 기록합니다.

③ 최저임금법에 의하면 수습 기간에 대해서는 최저임금의 10/100을 감액하여 지급할 수 있습니다.

④ 계약 당사자 간 투명하고 공정한 계약 관계를 체결하고 이의가 없다는 내용을 증명하기 위해 당사자 간의 서명과 날인을 받아야 합니다.

> 법원은 근로계약서가 작성되지 않은 경우에는 일단 기간의 정함이 없는 근로계약으로 보고, 기간을 정했다는 사실은 사용자가 증명하도록 하고 있음(서울행정법원 2005. 5. 3. 선고 2004구합18489, 18702(병합) 판결)

(7) 근로계약서 작성 시 유의할 사항

1) 신뢰성 확보: 거짓 없이 사실 그대로를 명확하게 작성해야 합니다.

2) 근로조건의 기재: 임금, 근로시간, 휴일, 휴가, 복리후생, 재해보상, 안전보건 등 근로자가 회사에 받는 모든 대우를 포함해야 합니다.

3) 계약서상의 내용은 필히 준수해야 합니다.

4) 근로기준법 위반: 근로기준법이 정한 기준에 어긋나는 계약 조건은 그 부분에 한하여 무효가 적용됩니다.

(8) 근로계약서를 미작성하거나 교부하지 않을 경우 500만 원 이하의 벌금이 부과됩니다.

근로계약에서 정한 휴식시간이나 수면시간이 근로시간에 속하는지 휴게시간에 속하는지는 특정 업종이나 업무의 종류에 따라 일률적으로 판단할 것이 아닙니다. 이는 근로계약의 내용이나 해당 사업장에 적용되는 취업규칙과 단체협약의 규정, 근로자가 제공하는 업무의 내용과 해당 사업장에서의 구체적 업무 방식, 휴게 중인 근로자에 대한 사용자의 간섭이나 감독 여부, 자유롭게 이용할 수 있는 휴게 장소의 구비 여부, 그밖에 근로자의 실질적 휴식을 방해하거나 사용자의 지휘·감독을 인정할 만한 사정이 있는지와 그 정도 등 여러 사정을 종합하여 개별 사안에 따라 구체적으로 판단하여야 합니다.(대법원 2017.12.5. 선고 2014다74254 판결, 대법원 2020.8.20. 선고 2019다14110, 14127, 14134, 14141 판결 등 참조).

02. 근로시간과 휴게시간, 휴일(근기법 제50조)

(1) 근로시간

1) 근로기준법 제50조(근로시간)에 근거한 근로시간

① 1주 간의 근로시간은 휴게시간을 제외하고 40시간을 초과할 수 없습니다.

② 1일의 근로시간은 휴게시간을 제외하고 8시간을 초과할 수 없습니다.

③ 제1항 및 제2항에 따른 근로시간을 산정함에 있어 작업을 위하여 근로자가 사용자의 지휘 및 감독 아래에 있는 대기시간 등은 근로시간으로 봅니다.

2) 근로시간의 판단 기준

근로시간은 근로자가 사용자의 지휘 및 감독 아래 종속되어 있는 시간을 의미합니다. 사용자의 지휘 및 감독이란 명시적인 것뿐만 아니라 묵시적인 것도 포함됩니다.

즉 작업도중 대기시간, 휴식 중이라 하더라도 사용자의 지휘 및 감독 아래 즉시적으로 업무에 투입될 수 있는 상태라면 이 대기시간이나 휴식시간은 휴식으로 보기보다는 근로시간으로 보는 것이 타당할 것입니다.

3) 근로시간 = 임금지급

근로자가 근로한 시간만큼 임금이 지급되어야 합니다.

4) 근로시간(초과근로시간 포함)의 최소단위

　① 1시간 단위로 판단하는 경우

　　30분 이상이면 1시간으로 30분 이하일 경우 절삭

　② 30분 단위로 판단하는 경우

　　15분을 기준으로 15분 이상이면 30분으로, 그 이하는 절삭

　③ 10분 또는 1분 단위로 계산할 경우도 위와 같은 기준으로 판단

5) 소정근로시간

　근로기준법 제50조와 제69조 본문 또는 산업안전보건법 제139조에 따른 근로시간 범위에서 근로자와 사용자 사이에 서로 근로하기로 정한 근로시간을 말합니다.

6) 법정근로시간

　근로기준법에 따라 주 단위 혹은 1일 단위로 정해진 최저기준 근로시간을 말합니다. 만 18세 이상의 성인 근로자에게 1일 8시간, 1주에 40시간의 근로시간을 의미하며, 이는 근로기준법 제50조를 근거로 합니다.

7) 근로기준법 제69조(근로시간) 15세 이상 18세 미만인 사람의 근로시간은 1일에 7시간, 1주에 35시간을 초과하지 못한다. 다만, 당사자 사이의 합의에 따라 1일에 1시간, 1주에 5시간을 한도로 연장할 수 있습니다.

(2) 휴게시간

1) 사용자는 근로시간이 4시간 이상일 경우에는 30분 이상, 8시간 이상일 경우는 1시간 이상의 휴게시간을 근로시간 도중에 주어야 합니다.

2) 근로자에게 근로시킬 경우에는 근로일 종료 후 다음 근로일 개시 전까지 근로자에게 연속하여 11시간 이상의 휴식시간을 주어야 합니다.

3) 휴게시간의 판단기준

휴게시간은 근로자가 사용자의 지휘 및 감독에서 벗어나 자유롭게 이용이 보장된 시간에 대해서 휴게시간으로 인정하고 있습니다. 따라서 자유로운 이용이 어려운 경우, 이를 사용자의 지휘 및 감독 하에 있는 대기시간으로 볼 수 있기 때문에 휴게시간이 아닌 근로시간으로 인정합니다.

(3) 휴일(근기법 제55조)

1) 법정공휴일

주휴일(주 1회), 근로자의 날(5월 1일)

2) 약정휴일

'관공서의 공휴일에 관한 규정' 중 일요일을 제외한 공휴일을 유급휴일로 하며, 해당일 근무 시 대체휴일 사용 또는 휴일근무수당을 별도 지급합니다.(2022년 1월 1일부터 5인 이상 사업장 적용)

3) 주휴일

사용자는 근로자에게 1주 만근 시 평균 1회 이상의 유급휴일을 보장하여야 합니다.

(4) 근로시간의 제한

1) 특정한 주의 근로시간이 52시간을 초과할 수 없습니다.
2) 특정한 날의 근로시간이 12시간을 초과할 수 없습니다.

(5) 휴일근로수당

휴일근로수당은 8시간 이하의 휴일근로에 대해서는 통상임금의 150%의 수당을 지급하고, 8시간 이상의 휴일근로에 대해서는 통상임금의 200%의 수당을 지급해야 합니다.

(6) 근로시간 인정 여부 판단

근로시간으로 인정	근로시간으로 미인정
대기시간	휴게시간
자유로운 이용이 어렵고 사용자의 지휘·감독 아래 있는 대기시간	근로자가 사용자의 지휘·감독에서 벗어나 자유롭게 이용이 보장된 휴게시간
워크숍, 세미나	회식
사용자의 지휘·감독 아래 효과적인 업무수행 등을 위한 논의 목적의 경우	사업장 내 구성원의 사기진작, 조직 결속 및 친목을 강화하기 위한 차원의 경우
교육시간	교육시간
사용자가 의무적으로 실시하도록 되어 있는 교육	근로자가 개인적 차원의 법정의무이행에 따른 교육 또는 이수가 권고되는 수준의 교육
출장이동시간	출장 이동 중
사업장이 소재하는 지역에서 출장지가 소재하는 지역까지의 이동시간 포함	근로자가 출장 이동 중에 개인적 용무로 인해 다른 장소로 이동하는 시간은 미포함

> 사용자가 근로계약에 수반되는 신의칙상의 부수적 의무인 보호 의무를 위반하여 근로자에게 손해를 입힘으로써 발생한 근로자의 손해배상청구와 관련된 법률관계는 근로자의 생명, 신체, 건강, 침해 등으로 인한 손해의 전보에 관한 것으로서 그 성질상 정형적이고 신속하게 해결할 필요가 있다고 보기 어렵다. 따라서 근로계약상 보호의무 위반에 따른 근로자의 손해배상청구권은 특별한 사정이 없는 한 10년의 민사소멸시효 기간이 적용된다고 봄이 타당하다.(대법원 2005.11.10.선고 2004다22742 판결)

03. 해고(근로기준법 제23조)

(1) 해고 등의 제한(근기법 제23조)

 1) 사용자는 근로자에게 정당한 이유 없이 해고, 휴직, 정직, 전직, 감봉, 그밖에 징벌(이하 "부당해고 등"이라 한다)을 해서는 안 됩니다.

 2) 사용자는 근로자가 업무상 부상 또는 질병의 요양을 위하여 휴업한 기간과 그 후 30일 동안 또는 산전(産前)·산후(産後)의 여성이 근로기준법에 따라 휴업한 기간과 그 후 30일 동안은 해고하지 못합니다. 다만, 사용자가 근로기준법 제84조에 의거 근로자에게 일시보상을 하였을 경우 또는 사업을 계속할 수 없게 된 경우에는 그러하지 아니합니다.

> 근기법 제84조 "근로자가 요양을 시작한 지 2년이 지나도 부상 또는 질병이 완치되지 아니하는 경우에는 사용자는 그 근로자에게 평균임금 1,340일분의 일시보상을 하여 그 후의 이 법에 따른 모든 보상 책임을 면할 수 있다."

(2) 해고의 예고(근기법 제26조)

 1) 사용자는 근로자를 해고(경영상 이유에 의한 해고를 포함한다)하려면 적어도 30일 전에 예고를 하여야 하고, 30일 전에 예고를 하지 아니하였을 때에는 30일분 이상의 통상임금을 지급하여야 합니다.

 ※ 해고예고를 하지 않아도 되는 경우

 ① 근로자가 계속 근로한 기간이 3개월 미만인 경우

 ② 천재·사변, 그밖에 부득이한 사유로 사업을 계속하는 것이 불가능한 경우

 ③ 근로자가 고의로 사업에 막대한 지장을 초래하거나 재산상 손해를 끼

친 경우

※ 근로현장에서는 해고에 대해 사업주나 근로자의 입장에서 매우 민감한 문제인 것만은 사실입니다. 그럼에도 불구하고 근로기간이 3개월 미만인(수습 중인) 근로자를 해고하더라도 사업주는 법적으로 제재를 받지 않습니다.

2) 해고예고통지문

해고예고는 해고 시점으로부터 30일 이전에 해고 대상자에게 해고예고통지문 또는 해고의 글이 도달(접수) 또는 확인이 되어야 합니다.

① 해고예고통지문의 전달

1. 우편으로 전달하는 방법: 등기 또는 빠른우편 등으로 수령자 확인이 가능한 우편으로 발송하는 것이 좋습니다.

2. 직접 전달하는 방법: 해고예고통지문을 직접 전달하는 방법이 있습니다. 이 경우에는 수령자 본인의 개인 서명을 받아 근거를 남겨야 합니다.

② 30일 기간의 효력 발생

1. 민법 제111조(의사표시의 효력 발생 시기) 제1항 상대방이 있는 의사표시는 상대방에게 도달한 때에 그 효력이 생긴다.

2. 제157조(기간의 기산점) 기간을 일, 주, 월 또는 연으로 정한 때에는 기간의 초일은 산입하지 아니한다. 그러나 그 기간이 오전 0시로부터 시작하는 때에는 그러하지 아니하다.

※ 민법 제157조의 기산점은 해고예고통지가 도달한 경우 도달한 날로부터 30일이 기산되는 것이 아니라 도달한 날의 다음날부터 30일이 기산된다는 의미입니다.

※ 부당해고가 인정된 판결

1. 사유기재 없는 해고 통지서는 무효
2. 기간제 근로자 사유 없이 계약 기간 내 해고는 부당
3. 근무 시간 내 불법도박은 해고사유가 아니다.
4. 정리해고 사유가 없어졌다면 해고는 무효

3) 해고예고통지서 양식

해고예고통지서

당사는 코로나로 인해 경영악화가 지속되어 매출이 급감함에 따라 고용유지지원금을 신청하여 수령하였지만 개선되지 않아 부득이 근로기준법 제24조에 따라 경영상이유로 해고를 다음과 같이 예고합니다.

- 다음 -

1. 해고대상자:
2. 해고일자: 2022년   월   일
3. 해고사유
  (1) 매출급감에 따른 경영악화
  (2)
4. 관련근거(법규)
  (1) 근로기준법 제24조 경영상 이유에 의한 해고
  (2) 근로기준법 제26조 해고의 예고
  (3) 근로기준법 제27조 해고사유 등의 서면통지

2022년   월 일

주식회사인사노무행정대표 김행정

[해고예고통지 서술형 확인서]

본인은 위의 해고예고통지서의 내용을 충분히 숙지한 후 수령하였음을 확인합니다.

수령일시: 2022년   월   일,   00시
주민번호 :
수 령 인: (인 또는 서명)

(3) 합법적으로 해고가 가능한 경우

 1) 천재지변, 기타 부득이한 사유로 사업계속이 불가능한 경우

 2) 근로자가 고의적으로 사업에 막대한 지장을 초래하거나 재산상 손해를 끼친 경우

 3) 근로자가 계속 근로한 기간이 3개월 미만인 경우

 4) 회사의 규정(취업규칙, 근로규정 등)에 의한 징계 등으로 해고
   ※ 회사규정에 대해서는 전 직원에게 교육되어야 하고, 신입의 경우 열람 또는 교육을 통해 명확히 인지하도록 해야 합니다. 그리고 그 규정에 따라 인사위원회를 통해 징계절차를 거쳐 처리하는 것이 합리적이라 생각합니다.

 5) 경영상 이유로 해고

(4) 해고예고수당 산정방법

1) 월급제 근로자일 경우

① 주 40시간, 월급여 250만 원 근로자라고 가정할 때

② 209시간제로 시급을 산출해 보면

2,500,000/209=11,961.72원으로 일급은 95,693.76원

③ 해고수당 30일분은 95,693.76×30일분=2,870,812원

2) 단시간근로자일 경우

① 시급 9,720원, 주 3일 근무, 1일 6시간으로 월 소정근로일수 20일

② 9,720원×3.6h=34,992원(일급)×30일=1,049,760원

※ 재산상 손해를 끼친 정당한 사유란

근로기준법 시행규칙 제4조【해고예고의 예외가 되는 근로자의 귀책사유】

법 제26조 단서에서 "노동부령이 정하는 사유"라 함은 아래와 같다.

① 납품업체로부터 금품이나 향응을 제공받고 불량품을 납품받아 생산에 차질을 가져온 경우

② 영업용 차량을 임의로 타인에게 대리운전하게 하여 교통사고를 일으킨 경우

③ 사업의 기밀이나 그밖에 정보를 경쟁관계에 있는 다른 사업자 등에게 제공하여 사업에 지장을 가져온 경우

④ 허위 사실을 날조하여 유포하거나 불법 집단행동을 주도하여 사업에 막대한 지장을 가져온 경우

⑤ 영업용 차량 운송 수입금을 부당하게 착복하는 등 직책을 이용하여 공금을 착복, 장기유용, 횡령 또는 배임한 경우

⑥ 제품 또는 원료 등을 몰래 훔치거나 불법 반출한 경우
⑦ 인사·경리·회계담당 직원이 근로자의 근무상황 실적을 조작하거나 허위 서류 등을 작성하여 사업에 손해를 끼친 경우
⑧ 사업장의 기물을 고의로 파손하여 생산에 막대한 지장을 가져온 경우
⑨ 그밖에 사회통념상 고의로 사업에 막대한 지장을 가져오거나 재산상 손해를 끼쳤다고 인정되는 경우

(5) 해고의 기술(참조: 조엘 피터슨, 2020. 3-4월호)

사업을 20년여 간 하면서 가장 어렵고 인간적인 고뇌를 느낄 때가 바로 직원들을 해고할 때였습니다. 만약 그 직원이 3개월 미만에 근로 능력이 현저히 저하된다든지, 아니면 근로자의 귀책사유가 있다면 사업주로써 판단하는데 고뇌를 겪지 않아도 될 것입니다. 하지만 수년 동안 회사를 위해 열심히 노력한 직원을 내보낸다는 것은 내 수족을 잘라내는 것 같은 아픔과 정신적인 고통을 겪게 됩니다.

이 참고서를 보시는 사업주와 인사노무 담당자들께서는 저와 같은 고뇌를 겪지 않으셨으면 하는 바람에서 해고의 기술을 소개합니다.

1) '해고가 정당화되기'를 기다리지 말라: 최고의 팀을 만들기 위해서는 조직과 구성원들을 지속적으로 평가해야 한다.

※ 직원을 해고하지 않으려고 관리자들이 스스로에게 하는 네 가지 거짓말에 속지 말자.

① 그 직원의 성과가 나아질 것이다.

② 누군가가 역할을 수행하고 있는 게 사람을 구하는 동안 자리를 비워두는 것보다 낫다.

③ 해고하는 것보다 다른 팀으로 보내는 게 더 현명하다.

④ 해고가 직원들의 사기를 떨어뜨릴 것이다.

2) 가족이나 친구도 과감히 해고하라: 훌륭한 리더는 공과 사를 구분한다.

　일을 제대로 해내지 못할 경우 보호해줄 수 없다는 점을 자주, 분명하게 이야기해야 한다.

　그리고 보내야 할 때가 되면 다른 직원들에게 하는 것과 마찬가지로 단호하게 행동한다.

3) 충격을 주지 말라: 모든 직원은 자주 피드백을 받을 자격이 있다.

　직원들이 목표에 미치지 못하는 경우에는 특히 더 그렇다. 해고 통지를 받고 놀라는 직원이 있다면, 그건 해고 통지가 아닌 평가나 검토 과정이 잘못됐다는 뜻이다. 하나의 사건으로 해고되는 경우는 드물다.

4) 준비하고 연습하라: 해고 통보와 같이 어려운 대화에 대비하는 최선의 방법은 예행연습이다.

　품위와 진중함을 갖고 행동해야 한다는 점을 나 스스로에게 강조하고, 방어적이 되지 않도록 최적의 결과에 초점을 맞춘다. 이를테면 "그 직원이 잠재력을 최대한 펼칠 수 있는 곳, 그가 자신의 역량, 인성, 포부, 업무스타일에 더 잘 맞는 일자리를 찾을 수 있도록 돕고 싶다."라든지.

5) 궂은일을 떠넘기지 말라: 직원들이 가장 싫어하는 것은 HR담당자나 제3자에게 해고 통보를 받는 것이다.

　직원을 직접 해고하지 않는다는 건 '뒷정리를 말끔하게' 하지 못한다는 것이다.

6) 지체 없이 명확하게 메시지를 전달하라: 30초 이내에 메시지를 전달하라.

　약속을 잡고 만나서 30초 이내에 해고 메시지를 전달하라. "당신의 보직을 변경하기로/당신과 고용계약을 종료하기로/당신을 다른 사람으로 교체하기로 결정했습니다." 오히려 사안을 질질 끌면 오해가 생기고 어색한 분위기가 연출될 수 있다.

7) 해고 사유를 지나치게 자세히 설명하지 말라: 해고 통보를 위한 만남은 결정을 전달하는 시간이다.

　그 결정에 대해 논의하거나, 변명하거나, 협의하는 시간이 아니다. 해고당하는 입장에서는 당연히 더 많은 정보를 알아내고 싶기 마련이지만, 여기에 상세하게 대답해줄 필요는 없다. 간단명료하게 설명하라. 성과 문제든, 인원 감축이 필요해서든, 그 자리의 필요성이 없어졌기 때문이든 말이다. 대신 평소에 그 직원에게 피드백과 코칭을 성실히 제공하고, 회사가 돌아가는 상황을 공유했어야 한다.

8) 인간미를 추구하라: 훌륭한 상사는 로봇이 아니다.

　해고 통보를 하는 관리자는 자신의 감정을 통제해야 하고, 공감과 응원(O) vs. 동정과 슬픔(×)의 차이를 인지해야 한다.

9) 비난을 다른 데로 돌리지 말라: '나는 말을 전하는 사람일 뿐이다.'라는 뉘앙스를 풍기지 말라.

　해고 결정은 적어도 어느 정도 공동 작업으로 이뤄진다. 하지만 해고 결정을 통보하는 사람은 그 결정에 대해 개인적 책임감을 느끼고 표현해야 한다. 남에게 책임을 떠넘겨서는 안 된다.

10) 성의 있는 퇴직 패키지를 제공하라: 소송으로 인한 법적 비용 발생 가능성을 줄이고, 동료를 해고한다는 것에 대한 직원들의 반응에도 괜찮은 퇴직 처우 그 자체가 긍정적으로 영향을 줄 수 있다.

해고자에게 퇴직금과 각종 혜택이 포함된 '퇴직 패키지'를 후하게 제공하는 것은 대체로 현명한 일이다. 세부 내용은 해고자의 직위에 따라 다양하겠지만, 일반적으로 좋은 패키지에는 다음의 내용이 담겨 있어야 한다.

① 퇴직금

② 재취업 지원 서비스

③ 휴가수당 및 기타 금전 관련 보상에 대한 구체적 정보

④ 건강보험 지속에 대한 구체적 정보

⑤ 재취업을 위한 추천서 제공 계획

⑥ 대내외 발표에 관한 합의사항(해고가 아니라 사임 형식을 취하는 게 이상적임)

⑦ 사직서 서명

※ 해고사유가 인정된 판결

1. 직장 동료들과 잦은 갈등과 다툼이 있는 직원의 해고는 정당

2. 사장의 지시불응, 불성실 음식점 직원 해고 정당

3. 원생들 밥 억지로 먹인 보육교사 해고 정당

4. 직원들에게 막말하고 성희롱한 직원 해고 정당

5. 회사대표에게 반말한 모욕적인 표현을 하여 명예를 훼손시켰다면 해고사유 정당

---

04. 4대 보험 가입

(1) 4대 보험

1) 4대 보험은 근로자의 권익보호를 위한 국가제도로 선택가입이 아니라 의무가입인 사회보험입니다.

2) 4대 보험이란 국민연금, 건강보험, 고용보험, 산재보험을 말합니다.

(2) 가입대상자

1) 주 15시간 이상 근로하는 근로자가 대상입니다.

2) 직원이 1명 이상 있는 사업장이라면 반드시 가입해야 합니다.

3) 국민연금은 18세 이상, 60세 이하 근로자를 대상으로 가입합니다.

4) 1개월간 60시간 미만 근로한 근로자의 경우는 국민연금, 건강보험, 고용보험 가입 제외 대상입니다.

5) 산재보험은 나이에 관계없이 누구에게나 발생할 수 있기 때문에 제외 대상이 없습니다.(사업주는 제외 대상입니다.)

(3) 4대 보험 가입 방법

사업장에서 근로자(내·외국인)를 채용할 경우 4대 보험 기관에 신고하여야 하며 이를 '사업장 가입자 자격취득 신고'라고 합니다. 해당 서식을 이용하여 신고하면 4대 기관(연금, 건강, 고용, 산재)에 한 번에 신고하실 수 있습니다.

해당 신고를 매월 15일(휴일인 경우 그 다음 영업일)까지 마치셔야 해당 월 보험료가 정상적으로 고지됩니다.

1) 서면으로 가입하는 방법입니다.

① 양식을 다운로드한다.(양식요청 건강보험공단(1577-1000번))

② 해당란에 체크 또는 해당사항을 기입한다.

③ 관할지역 팩스번호를 확인한다.

④ 4대 보험 사업장가입자 취득신고서를 팩스로 접수한다.

4대 보험 관련 사례

생계가 어려운 김씨는 2008년 한 식당에서 홀 서빙 일을 시작했습니다. 김씨는 식당 주인이 내민 근로계약서를 제대로 보지 않고 서명 날인 했습니다. 계약서에는 퇴직금을 포기하면 4대 보험료를 대신 납부하겠다는 내용이 있었습니다.

2018년 김씨는 식당 일을 그만두고 퇴직금을 받질 못했습니다. 식당주인은 근로계약서에 퇴직금 포기조항이 있고, 서명 날인 했으니 퇴직금을 줄 수 없다고 했고 김씨는 고용노동청에 진정을 낸 후 퇴직금을 받을 수 있었습니다.

노동청은 근로계약서 퇴직금 포기 조항은 무효라는 것이 대법원 판례로 굳어져 있으니, 굳이 재판까지 갈 필요도 없이 퇴직금을 지급해야 한다고 식당주인에게 말했습니다.

2) 4대 보험 가입신고서 작성법

① 가입할 연금을 선택합니다.

국민건강보험법 시행규칙 [별지 제6호서식]

국민연금 [ ] 사업장가입자 자격취득 신고서   건강보험 [ ] 직장가입자 자격취득 신고서
고용보험 [ ] 피보험 자격취득 신고서   산재보험 [ ] 근로자 고용 신고서

② 사업장 관련 정보를 입력합니다.

사업장	사업장관리번호	명칭	단위사업장 명칭	영업소 명칭
	소재지			우편번호( )
	전화번호		팩스번호	

③ 취득대상자를 기입합니다.

구분	성명 / 주민등록번호(외국인등록번호·국내거소신고번호)	국적 / 체류 자격	대표자 여부	월 소득액 (소득월액·보수월액·월평균보수액)(원)	자격 취득일 (YYYY.MM.DD)	국민연금 자격취득부호	국민연금 특수직종부호	국민연금 직역연금부호	건강보험 자격취득부호	보험료 감면 부호	공무원 회계명/부호	교직원 직종명/부호	고용보험·산재보험 직종 부호	1주 소정 근로시간	계약 종료 연월(계약직만 작성)	보험료 부과구분(해당자만 작성) 부호	사유	일자리 안정자금 지원 신청
1			[ ]예 [ ]아니오			[ ]국민연금 ([ ]취득 월 납부 희망)			[ ]건강보험	[ ]피부양자 신청				[ ]고용보험(계약직 여부 [ ]예, [ ]아니오) [ ]산재보험					[ ]예 [ ]아니오
2			[ ]예 [ ]아니오			[ ]국민연금 ([ ]취득 월 납부 희망)			[ ]건강보험	[ ]피부양자 신청				[ ]고용보험(계약직 여부 [ ]예, [ ]아니오) [ ]산재보험					[ ]예 [ ]아니오
3			[ ]예 [ ]아니오			[ ]국민연금 ([ ]취득 월 납부 희망)			[ ]건강보험	[ ]피부양자 신청				[ ]고용보험(계약직 여부 [ ]예, [ ]아니오) [ ]산재보험					[ ]예 [ ]아니오
4			[ ]예 [ ]아니오			[ ]국민연금 ([ ]취득 월 납부 희망)			[ ]건강보험	[ ]피부양자 신청				[ ]고용보험(계약직 여부 [ ]예, [ ]아니오) [ ]산재보험					[ ]예 [ ]아니오

④ 끝으로

위와 같이 자격취득을 신고합니다.

신고인(사용자·대표자)   (서명 또는 인) / [ ]보험사무대행기관

년   월   일

(서명 또는 인)

국민연금공단 이사장/국민건강보험공단 이사장/근로복지공단 ○○지역본부(지사)장 귀하

⑤ 피부양자가 있는 경우에는 아래 신고서를 작성하여야 합니다.

직장가입자 자격취득 신고서(피부양자가 있는 경우)

※ 국민건강보험의 피부양자가 있는 경우에 작성하며, 색상이 어두운 란은 신고인이 적지 않습니다.   (제5쪽)

가입자 성명   주민등록번호(외국인등록번호·국내거소신고번호)

피부양자	관계	성명	주민등록번호(외국인등록번호·국내거소신고번호)	장애인·국가유공자 종별 부호	장애인·국가유공자 등록일	국적	외국인 체류자격	외국인 체류기간

위와 같이 직장가입자 자격 취득사항을 신고합니다.

년   월   일

신고인(사용자)   (서명 또는 인)

국민건강보험공단 이사장 귀하

3) EDI 4대 보험 자격취득 절차

① EDI 접속 후 공인인증서 접속(실행)

※ EDI에 회원가입이 되지 않았다면 회원가입절차부터 시행하시면 됩니다.

② 신고서식 바로가기 클릭

③ 자격취득신고 클릭

④ 근로자 정보입력

※ 여기서가 중요합니다. 신청구분은 4대 보험 가입 시 전체 체크로 하시면 됩니다.

⑤ 피부양자가 있을 경우 아랫부분 피부양자 등록을 해 줍니다.

※ 피부양자는 입사 때 받은 주민등록등본이나 가족관계증명서에 등재된 피부양자를 등록하시면 됩니다.

⑥ 모두 작성하셨다면 맨 위쪽 "전송"을 클릭하시면 완료됩니다.

1. 국민연금 항목에는 소득월액은 사업장에서 책정된 월급여로, 취득일은 입사일자로, 취득부호는 "1", 취득 월 납부 여부는 1일 입사자들 제외하고는 다음 달 납부가 됩니다. (가령 2일자 입사의 경우 국민연금 납부는 다음 월이 됩니다.)

2. 국민연금 항목은 취득 부호를 최초 취득으로 하시면 됩니다.

3. 고용보험은 1주 소성근로시간은 주 40시간으로 하시면 됩니다.

4) 회원가입방법

① EDI 홈 상단 "회원가입" 클릭

② 사업장 가입신청

③ 회원약관에 동의

④ 회사관련 정보입력

⑤ 공인인증서 등록

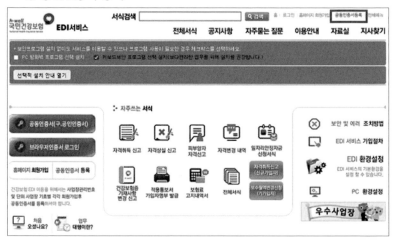

⑥ 공인인증서 정보 입력(사용자ID, 비밀번호)

5) 4대 보험 상실신고 방법

① EDI 접속 후 공인인증서 접속

② 신고서 서식 바로가기 클릭

③ 자격상실 신고 클릭

④ 상실 일자는 퇴사 다음날로 상실 코드는 퇴사 사유 관련한 것을 선택하시고, 연간 보수총액은 퇴사 전년도 1년 동안 받은 급여를 입력하면 됩니다.

⑤ 맨 위에 신고 (전송 클릭)

05. 보수총액신고

(1) 보수총액신고 개념

고용·산재보험 가입 사업장에서 매년 실시하는 것으로 전년도 월별 보험료를 정산하는 것과 동시에 당해 연도 납부할 보험료 산정을 위해 신고일 현재 근로자가 없거나, 전년도와 보수가 같은 경우에도 반드시 보수총액신고서는 제출하여야 합니다.

(2) 보수총액신고

1) 신고기한: 매년 3월 10~15일까지입니다.

2) 신고대상 사업장: 고용·산재보험에 가입한 모든 사업장입니다.

3) 신고내용: 전년도 사업장 소속 근로자에게 지급한 보수총액 전체를 신고합니다.

   ※ 상용, 일용, 그밖에 근로자 모두를 포함하여 신고합니다. 다만 전년도 기간 중 퇴사하여 퇴직 정산된 상용근로자는 보수총액신고 대상에서 제외됩니다.

4) 신고방법: 고용산재보험 토털서비스에서 전산(https://total.kcomwel.or.kr)으로 신고하시면 됩니다.

※ 보수총액신고는

1. 근로자가 없어도
2. 이미 퇴사했어도
3. 전년도와 보수가 같아도 보수총액 신고서는 제출해야 합니다.

---

① 회원가입 절차 없이 공동인증서(주민등록번호/사업자등록번호) 또는 간편인증(주민등록번호)으로 신고가 가능합니다.

② 근로자 10인 미만 사업장은 서면신고가 가능합니다.

※ 신고서 우측 상단에 기재된 전자팩스로 신고하시면 공단 홈페이지에서 실시간 조회가 가능합니다.

③ 보수총액신고에 따른 정산보험료는 신고하는 연도 4월 월별보험료 고지서에 반영(5월 초순 납부기한)되며, 정산보험료가 4월 월별보험료 금액보다 큰 경우에는 2등분하여 4월과 5월 월별 보험료에 각각 합산하여 고지됩니다.

(3) 국민연금보수총액신고

국민연금의 경우 개인사업장은 보수총액신고를 5월 31일까지 해야 하지만, 법인은 2월 근로소득지급명세서(연말정산) 제출금액 기준으로 7월부터 새로운 보험료가 적용됨으로 별도로 신고할 필요는 없습니다.

(4) 건강보험보수총액신고

건강보험은 전년도 보수총액을 기준으로 보험료를 산정하기 때문에 보통 실제 지급된 내역과 차이가 발생할 수밖에 없을 겁니다. 건강보험공단은 보수총액신고를 한 내역을 확인하여 보험료를 확정하고, 부과한 보험료와 비교하여 더 냈다면 환급하고 덜 냈다면 청구를 하게 됩니다.

※ 퇴직자는 퇴직정산을 통해 정산이 되므로 해당일 기준으로 재직 중인 직원을 대상으로 신고하시면 됩니다.

이것은 연말정산을 통해 정산되는 것으로 근로자들은 4월 급여에 건강보험정산, 장기요양보험 정산금이 추가되고, 건강보험료도 새로 산정된 금액으로 납부하게 됩니다.

(5) 고용·산재보험 보수총액신고

고용·산재보험 가입자는 전년도 납부한 월별 보험료를 정산하고 금년도 새로 납부할 월별 보험료 산정을 위해서 보수총액신고를 해야 합니다.

건강보험의 경우 현재 재직 중인 직원만 하면 되지만, 고용·산재보험의 경우 전년도에 근무한 일반 근로자 및 일용근로자를 신고해야 할 뿐만 아니라 보수총액신고 근로대상자가 없을 경우에도 신고할 의무가 있습니다.

(6) 서면으로 보수총액신고(양식)

양식지는 "고용보험 및 산업재해보상보험의 보험료징수 등에 관한 법률시행규칙[별지 제22호의4서식]"을 참조하시면 됩니다.

1) 보수총액 신고할 산재보험 및 고용보험에 체크(✔)하시고, 이어 사업장 관련 정보를 기입하시면 됩니다.

■ 고용보험 및 산업재해보상보험의 보험료징수 등에 관한 법률 시행규칙[별지 제22호의4서식]

[ ]산재보험 [ ]고용보험 (2022)년도 보수총액신고서

※ 신고방법은 고용·산재 토탈서비스(total.kcomwel.or.kr) 또는 전자매체(CD)를 이용하여 신고합니다.[단, 10인 미만 사업장은 서면신고 가능]
※ 작성방법은 뒤쪽을 참고하시기 바라며, 비탕색이 어두운 칸은 신고인이 적지 않습니다.

(앞쪽)

접수번호		접수자		작성자명 :		전화 :		처리기간 5일
관리번호		사업장명		대표자		산재업종	최종생산품( ) :	요율: ( )
사업장소재지				전화번호		팩스번호		

2) 근로자 정보를 기입하시면 됩니다.

연번	성명	주민(외국인) 등록번호	①보험료 부과구분	①-1(산재) 건설·벌목업 근무이력자	산재보험			③-1	고용보험		
					취득일	상실일	②연간보수총액(원)	근무지코드	취득일	상실일	③연간보수총액(원)
1				Y( )							
2				Y( )							
3				Y( )							
4				Y( )							
5				Y( )							
6				Y( )							
7				Y( )							
8				Y( )							
9				Y( )							
합계											

3) 산재보험 및 고용보험 보수총액 기록한 다음 신고하는 사업장의 사
   업주 서명 날인 후 제출하시면 됩니다.

④ ( )년도 보수총액신고 대상근로자 없음( )(해당시 √ 표시)			※ 아래 박스 안에는 해당근로자가 있는 경우에만 작성합니다.(뒤쪽참조)		
일용근로자 보수총액	⑤산재보험	⑥ 고용보험	그 밖의근로자 보수총액 (산재만해당)	⑦월60시간이만 단시간 상용근로자(일용근로자 제외)	⑧산재 고용정보 미신고 외국인근로자
⑨ 매월 말일 현재 일용근로자(⑤,⑥) 및 그 밖의 근로자(⑦,⑧) 수(상용근로자는 제외)			⑩ (산재보험 업종), (고용보험 직능요율) 변경 사업장 기간별 보수총액		
1월 2월 3월 4월 5월 6월 7월 8월 9월 10월 11월 12월 합계			구 분 (아래 √표시) □ 산재 □ 고용	변경 전 기간( )	변경 후 기간( )
⑪ 정산보험료 일시납 신청( ) ⑫정산 후 과납보험료를 ( )선납충당,( )반환 (반환계좌: 은행, 계좌번호:)					

「고용보험 및 산업재해보상보험의 보험료징수 등에 관한 법률」 시행령 제19조의5제1항부터 제3항에 따라 근로자에게 지급한 보수총액을 신고합니다.

년 월 일

신고인(사업주)   (서명 또는 인)   / [ ] 보험사무대행기관   (서명 또는 인)
근로복지공단   지역본부(지사)장 귀하

※ 고용보험, 산재보험 보수총액신고 제외자

1. 대표자(법인의 대표이사 포함)
2. 대표자의 배우자 (근로자로 인정된다면 신고하여야 함)
3. 퇴사자 (2020.1.16일부터 시행되는 퇴직정산제도에 의하여 1/16일
이후 고용관계가 종료된 근로자는 보수총액 대상자 아님)

※ 휴직근로자는 반드시 포함하여 신고하여야 한다.
다만 휴업, 휴직 및 보호휴가 중의 보수는 고용보험 보수총액은 포
함, 산재보험 보수총액은 제외(단, 휴직 이전 지급사유가 발생한 보수
를 휴직기간 중에 지급한 경우라면 고용, 산재 모두 보수총액에 포함하여
야 함)

06. 퇴직연금

(1) 퇴직연금이란?(참조: 고용노동부 홈페이지)

　　퇴직연금제도는 근로자들의 노후 소득보장과 생활 안정을 위해 근로자 재직기간 중 사용자가 퇴직급여 지급 재원을 금융회사에 적립하고, 이 재원을 사용자(기업) 또는 근로자가 운용하여 근로자 퇴직 시 연금 또는 일시금으로 지급하는 제도입니다.

(2) 퇴직연금제도의 구조

　　근로자를 사용하는 모든 사용자는 퇴직급여를 지급하여야 합니다. 단, 계속근로기간이 1년 미만이거나 4주간을 평균하여 1주간의 소정 근로시간이 15시간 미만인 근로자는 적용이 제외됩니다.

(3) 확정급여형 퇴직연금제도(DB: Defined Benefits Retirement Pension)

　　근로자가 퇴직할 때 받을 퇴직급여가 사전에 확정된 퇴직연금제도입니다. 사용자가 매년 부담금을 금융회사에 적립하여 책임지고 운용하며, 근로자는 운용결과와 관계없이 사전에 정해진 수준의 퇴직급여를 수령합니다.

① DB형은 퇴직 직전 최종 3개월 급여가 기준이기 때문에 연봉이 매년 인상되는 보통의 급여체계에서 유리한 퇴직연금이다.

② DC형은 근로자 연봉의 1/12이 매년 적립되는 퇴직연금이다. 따라서 적립액은 DB형보다 적을 가능성이 굉장히 크다. 그러나 적립금액을 근로자가 직접 운용할 수 있는 장점이 있고, 시행령에서 정해진 사유라면 중도인출 또한 가능하다.

※ **퇴직금계산**

※ 퇴직 시 평균임금: 계속근로기간 1년에 대하여 30일분의 평균임금

(4) 확정기여형 연금제도(DC: Defined Contribution)

사용자가 납입할 부담금(매년 연간 임금총액의 1/12 이상)이 사전에 확정된 퇴직연금제도입니다. 사용자가 근로자 개별 계좌에 부담금을 정기적으로 납입하면, 근로자가 직접 적립금을 운용하며, 근로자 본인의 추가 부담금 납입도 가능합니다. 근로자는 사용자가 납입한 부담금과 운용손익을 최종 급여로 지급받습니다.

(5) 개인형퇴직연금제도 특례

상시근로자 수가 10인 미만인 기업에서 근로자의 개별 동의를 얻어 개인형퇴직연금제도를 설정한 경우 퇴직연금제도를 설정한 것으로 봅니다. 사용자의 부담금 납입과 근로자의 적립금 운용 등 제도 운영 방법은 확정기여형 퇴직연금제도와 동일합니다.(법정 규약 신고의무, 가입자교육의무가 면제됩니다.)

(6) 개인형퇴직연금제도(IRP: Individual Retirement Pension)

근로자가 재직 중에 자율로 가입하거나, 퇴직 시 받은 퇴직급여를 계속해서 적립·운용할 수 있는 퇴직연금제도입니다. 연간 1,800만 원까지 납입할 수 있으며, 최대 700만 원까지 세액공제 대상이 됩니다.(단, 연금저축에 가입한 경우, 연금저축(최대 400만 원 한도)을 합산하여 총 700만 원 세액공제) 운용기간 중 발생한 수익에 대해서는 퇴직급여 수급 시까지 과세가 면제되며, 퇴직급여 수급시 연금 또는 일시금으로 수령할 수 있습니다.(단, 연금저축에 가입한 경우, 연금저축(최대 400만 원 한도)을 합산하여 총 700만 원 세액공제)

※ IRP 가입대상

소득이 있는 모든 취업자는 가입이 가능(2017. 7. 26.부터)

※ IRP는 개인형퇴직연금제도로

① 1년 이상 근속하고 이직할 경우 IRP를 통해 퇴직금을 수령할 수 있으며

② 개인이 정기적으로 적립할 수도 있습니다.

③ IRP는 계좌를 해지하지 않으신다면 이를 연금으로 전환하여 받으실 수 있으며, 이는 국민연금과는 별개의 연금입니다.

(7) 퇴직연금가입절차

1) 도입준비(출처: 근로복지공단 홈페이지)

제도에 대해 이해하고, 도입에 대해 논의합니다. 퇴직연금 가입은 퇴직급여 대상자의 과반수 이상이 제도 도입을 원할 때 가능합니다. 따라서, 기업과 근로자의 퇴직연금제도에 대한 이해를 높이고 공감대를 형성한 후 추진계획을 논의하는 도입준비 과정이 필요합니다.

2) 제도 선정 및 가입

현황을 분석하고, 도입할 퇴직연금제도를 선정하여 가입합니다. 가입을 원하는 사용자는 "확정기여형퇴직연금제도(DC)"를, 가입자(근로자)는 퇴직연금 지급 사유발생시 개인형IRP 이전 의무화에 따라 퇴직연금을 이전 받거나 개인 자금을 추가 불입할 수 있는 "개인형퇴직연금제도(IRP)"를 선택하여 가입합니다.

※ 확정기여형퇴직연금제도(DC): 지방고용노동청에 규약신고를 하며, 사용자와 공단(은행, 증권회사 등 금융권)이 계약합니다. 근로자 신규 입사 시 가입자 명부 신고만 하여 원하는 근로자만 가입이 가능합니다.

---

3) 제도설계 및 자산관리기관 선정

적립금 운용계획을 세우고, 자산관리기관을 선정합니다. 자산관리업무는 전문기관에 위탁하게 되며, 신탁계약과 보험계약 중 한 곳을 선정합니다.

· 신탁·증권 계약: 은행정기예금, 펀드상품 등의 선택이 가능합니다.
· 보험계약: 이율보증보험, 변액보험상품 등의 선택이 가능합니다.

4) 규약동의 및 신고, 가입완료

필수 서식을 작성하여 신고함으로써 퇴직연금 가입이 완료됩니다. 다음의 필요한 서식을 작성하여 우편, FAX 등으로 공단에 신청하여,

DC형의 경우는 먼저 지방고용노동청에 퇴직연금규약을 작성하여 신고를 하여야 합니다.(공단에서 대행신고도 가능) 서류가 접수되면 퇴직연금가입이 완료됩니다.

※ 확정기여형퇴직연금제도(DC): 가입신청서, 가입자등록신청서, 운용관리 계약서, 규약신고서

5) 부담금 납입

정기적으로 납입에 대한 안내를 받고, 다양한 방법으로 부담금을 납입할 수 있습니다. 납입해야 할 부담금은 SMS문자서비스로 안내되고, 자동이체 또는 계좌이체의 방법으로 납입하여야 하며, 부담금은 년 1회의 연납을 원칙으로 하되, 월, 분기, 반기 등의 분할납부가 가능합니다.

(8) DC형 퇴직연금 중도인출

1) 근로자 퇴직급여 보장법 시행령제3조(퇴직금의 중간정산 사유) ① 법 제8조 제2항 전단에서 "주택구입 등 대통령령으로 정하는 사유"란 다음 각 호의 어느 하나에 해당하는 경우를 말합니다.

① 무주택자인 근로자가 본인 명의로 주택을 구입하는 경우

② 무주택자인 근로자가 주거를 목적으로 「민법」 제303조에 따른 전세금 또는 「주택임대차보호법」 제3조의2에 따른 보증금을 부담하는 경우. 이 경우 근로자가 하나의 사업에 근로하는 동안 1회로 한정합니다.

③ 근로자가 6개월 이상 요양을 필요로 하는 다음 각 목의 어느 하나에 해당하는 사람의 질병이나 부상에 대한 의료비를 해당 근로자가 본인 연간 임금총액의 1천분의 125를 초과하여 부담하는 경우

가. 근로자 본인

나. 근로자의 배우자

다. 근로자 또는 그 배우자의 부양가족

④ 퇴직금 중간정산을 신청하는 날부터 거꾸로 계산하여 5년 이내에 근로자가 「채무자 회생 및 파산에 관한 법률」에 따라 파산선고를 받은 경우

⑤ 퇴직금 중간정산을 신청하는 날부터 거꾸로 계산하여 5년 이내에 근로자가 「채무자 회생 및 파산에 관한 법률」에 따라 개인회생절차 개시 결정을 받은 경우

⑥ 사용자가 기존의 정년을 연장하거나 보장하는 조건으로 단체협약 및 취업규칙 등을 통하여 일정나이, 근속시점 또는 임금액을 기준으로 임금을 줄이는 제도를 시행하는 경우

⑦ 재난으로 피해를 입은 경우로서 고용노동부장관이 정하여 고시하는 사유에 해당하는 경우

사용자는 제1항 각 호의 사유에 따라 퇴직금을 미리 정산하여 지급한 경우 근로자가 퇴직한 후 5년이 되는 날까지 관련 증명서류를 보존하여야 합니다.

---

2) 근로자들이 흔히 요구하는 퇴직연금 중간인출

① 무주택자가 주택 구입

1. 주택자인 가입자가 본인 명의로 주택을 구입하는 경우

2. 배우자와 공동으로 구매할 경우에도 가능

3. 현재 주택을 보유하고 계신 경우, 보유하신 주택을 먼저 매도하신 이후에 중도인출 신청이 가능

4. 중도인출 신청일과 소유권 이전등기 접수일이 최소 하루 이상 차이가 나야 중도인출이 가능합니다.

② 무주택자가 전세보증금 부담

1. 무주택자인 가입자가 주거를 목적으로 「민법」 제303조에 따른 전세금 또는 「주택임대차보호법」 제3조의2에 따른 보증금을 부담하는 경우

2. 이 경우 가입자가 하나의 사업 또는 사업장에 근로하는 동안 1회로 한정

③ 6개월 이상 요양을 요하는 부양가족의 치료비 부담

1. [근로자퇴직급여보장법 시행령] 제14조에 따라 근로자 또는 배후자의 부양가족([소득세법] 제50조 제1항 제3호에 따른 부양가족)이 6개월 이상 요양을 필요로 하는 경우 요양비용을 부담하기 위해 인출이 가능합니다.

2. [소득세법]에 따른 부양가족이라 함은

   가. 60세 이상 직계존속

   나. 20세 이하의 직계비속 또는 동거 입양자

   다. 20세 이하 또는 60세 이상 형제자매

   라. [국민기초생활보장법]에 따른 기초생활수급권자

   마. [아동복지법]에 따른 가정 위탁을 받아 양육하는 아동을 말합니다.

3. 생계를 같이 하는 부양가족이란 [소득세법] 제53조 제1항의 규정에 따라 주민등록표상의 동거가족으로서 해당 거주지의 주소 또는 거소에서 현실적으로 생계를 같이하는 부양가족을 말합니다.

> 다만, 해당 거주지 또는 동거가족이 취학·질병의 요양, 근무상황 또는 사업상의 형편 등으로 본래의 주소 또는 거소를 일시 퇴거하거나 직계존속이 주거의 형태에 따라 별거하고 있는 경우에도 생계를 같이 하는 것으로 봅니다.(국세청-원천, 2010.02.19.)

(9) 퇴직연금가입서류(확정기여형: DC형)

1) 가입신청서 작성

2) 운용관리계약서 작성

3) 퇴직연금가입대상자 등록신청서 작성

4) 개인정보조회수집 이용제공 및 원리금 보장형 상품운용지시에 관한 사항 동의서 작성

5) 퇴직연금(최초, 변경) 운용지시서, 투자설명 및 주요내용 설명 확인서

※ 상기 서식은 근로복지공단 홈페이지 또는 가입은행에서 받으실 수 있습니다.

07. 임금(근로기준법 제3장)

(1) 임금의 정의

「근로기준법」 제2조 제1항 제5호에 "임금이란 사용자가 근로의 대가로 근로자에게 임금, 봉급, 그밖에 어떠한 명칭으로든지 지급하는 일체의 금품을 말한다"라고 정의되어 있습니다.

판례는 "근로자가 특수한 근무조건이나 환경에서 직무를 수행하게 되므로 말미암아 추가로 소요되는 비용을 변상하기 위하여 지급되는 이른바 실비변상적인 급여는 '근로의 대가'로 지급되는 것이라고 볼 수 없기 때문에 임금에 포함될 수 없는 것이다"라고 한다. 또한 자가운전보조금은 회사에서 제공하는 차량의 운행과 관련하여 지출된 비용을 변상해 주기 위한 것으로서 임금에 해당하지 않는다.

※ 최저임금이란

국가가 노사 간 임금 결정과정에 개입하여 임금의 최저수준을 정하고 사용자에게 이 수준 이상의 임금지급을 법적으로 강제하는 제도

(2) 최저임금에 산입되지 않는 임금

1) 통화 이외 것(현물)으로 지급하는 임금

2) 연장근로 또는 휴일근로에 대한 임금 및 연장/야간 또는 휴일근로에 대한 가산임금

3) 연차 유급휴가 미사용수당

4) 그밖에 이에 준하는 것으로 인정되는 임금

(3) 통상임금

1) 통상임금의 충족요건

① 일정주기에 따라 정기적으로 지급

② 모든 근로자(일정 조건에 해당하는 모든 근로자)에게 일률적으로 지급

③ 업적 성과와 관계없이 지급여부가 사전에 이미 확정되어 있음

2) 통상임금의 구성요소

① 기술수당: 기술이나 자격보유자에게 지급되는 수당(자격수당, 면허수당 등)

② 근속수당: 근속기간에 따라 지급여부나 지급액이 달라지는 임금

③ 가족수당: 부양가족 수와 관계없이 모든 근로자에게 지급되는 임금

④ 성과급: 최소한도가 보장되어 있는 성과급(일정부분 일률적, 고정적 지급)

⑤ 상여금: 정기적인 지급이 확정되어 있는 정기 상여금

(4) 평균임금

1) 평균임금의 산정

이를 산정하여야 할 사유가 발생한 날 이전의 3개월 동안에 그 근로자에게 지급된 임금의 총액을 총일수로 나눈 금액

2) 평균임금의 적용

① 퇴직금: 계속 근로연수 1년에 대하여 평균임금의 30일분 이상

② 휴업수당: 평균임금의 70% 이상

③ 연차휴가수당: 평균임금의 100% 또는 통상임금의 100%

④ 재해보상금: 재해보상 유형에 따라 다름

⑤ 감급액*: 1회의 액이 평균임금의 1일분의 1/2을 초과하지 못함

*임금을 감액

⑥ 실업급여: 수급자격자의 기초일액(이직당시 평균임금)의 50%

(5) 임금에 포함되지 않는 금품

1) 은혜적/호의적 성격: 경조금, 축하금, 위로금, 포상금, 하계휴가지원비 등
2) 실비 변상적 성격: 출장비, 차량유지비/교통비, 판공비 등
3) 근로 제공 없는 법적보상 성격: 해고예고수당, 휴업수당 등

(6) 임금지급의 원칙

1) 통화 지급: 강제 통용력이 있는 한국은행법에 의한 화폐로 지급해야
   합니다.
   ① 현금 지급(계좌이체)을 해야 합니다.
   ② 단체협약으로 정한 경우, 조합원에 한하여 현물, 주식, 상품교환권
      등 지급이 가능합니다.
   ③ 사유 발생일로부터 14일 이내에 지급하여야 합니다.

2) 직접 지급: 근로자에게 직접 지급하는 것을 원칙으로 합니다.
   ① 친권자 또는 법정대리인에게 지급은 불가합니다.
   ② 법원 판결 또는 동일효력의 공증 등 임금채권이 압류된 경우, 채권
      자인 제3자 지급 가능합니다.

3) 전액 지급: 공제 없이 임금 전액을 지급해야 합니다.
   ① 법령에 따른 소득세, 4대 보험료 등 단체협약에 따른 노조비 등 공
      제는 가능합니다.
   ② 계산 착오에 의한 초과 지급되었을 경우 이에 대한 공제는 가능
      합니다.
   ③ 기타 근로자의 자유로운 의사에 의한 공제도 가능합니다. 다만, 이

런 경우 객관적 증빙이 필요합니다.

4) 정기 지급: 매월 1회 이상 일정한 날짜를 정하여 지급해야 합니다. 근로자가 30인 이상의 사업장인 경우는 취업규칙에 임금의 지급 시기에 대한 것을 명시해야 합니다.

(7) 임금지급일

1) 근로기준법 제36조(금품청산) 사용자는 근로자가 사망 또는 퇴직한 경우에는 그 지급 사유가 발생한 때부터 14일 이내에 임금, 보상금, 그밖에 모든 금품을 지급하여야 한다. 다만, 특별한 사정이 있을 경우에는 당사자 사이의 합의에 의하여 기일을 연장할 수 있다.

2) 급여 지급기준

① 월급지급일은 월 결산일 기준으로 14일 이내로 지정하는 것이 합당하다고 판단됩니다.

※ 임금지급 기준일을 1일부터 31일까지로 산정한다면 급여일은 익월 14일 이내로 지급일을 정해야 합니다. 가령 5일, 10일 등으로 정하는 것이 일반적인 경우입니다.

② 급여 지급 기준일을 전월 15일부터 당월 14일까지로 정하였다면 급여지급일은 당월 28일 이내에 지급하여야 한다는 의미입니다.

08. 특별연장근로(근기법 제53조 제3항)

(1) 사용자는 다음 각 호에 대하여 근로자 대표와 서면으로 합의한 경우 근로기준법 제53조 제1항 또는 제2항에 따라 연장된 근로시간(주52시간)에 더하여 1주간에 8시간을 초과하지 아니하는 범위에서 근로시간을 연장할 수가 있습니다.

(2) 월 최대 60시간까지 근로시간을 정할 수 있습니다. 이 경우 노사협의회 회의록을 작성하고 대상근로자의 서명을 받으시면 됩니다.

(3) 아래의 양식 외에 갑자기(급격하게) 업무량(발주량)이 증가하였음을 증명할 수 있는 자료도 비치해야 합니다.

(4) 30인 이상 또는 30인 미만 사업장의 특별연장근로 시행
  1) 30인 이상 사업장
    ① 노사협의회, 근로자 서명
    ② 특별연장근로 신청서 작성
    ③ 특별연장근로 사유를 증명할 수 있는 자료(발주량증가, 물량증가를 증명할 수 있는 자료)
    ④ 관할 노동청에 신청합니다.
    ※ 특별연장근로 시행은 노동청의 승인이 있는 날로부터 시행하실 수 있습니다.

  2) 30인 미만 사업장
    ① 노사협의회, 근로자 서명

② 특별연장근로 사유를 증명할 수 있는 자료

③ 사업장에서 자료 보관

(5) 특별연장근로 신청서식(30인 이상 사업장 신청서식)

■ 근로기준법 시행규칙 [별지 제5호서식] <개정 2021. 4. 5.>

근로시간 연장 [ ]인가 신청서
[ ]승인

※ 색상이 어두운 난은 신청인이 적지 않으며, [ ]에는 해당하는 곳에 √ 표시를 합니다.

접수번호	접수일	처리기간	3일

신청인	사업장명		사업의 종류	
	대표자 성명		전체 근로자 수 명(남 명, 여 명)	
	소재지		(전화번호:)	

신청 내용	연장업무의 종류	
	연장사유 발생일	년 월 일
	연장기간	년 월 일부터 년 월 일까지 (일)
	추가 연장근로시간	1주 시간 ※ 「근로기준법」 제53조제1항 및 제2항에 따른 1주 12시간을 초과한 연장근로시간을 적습니다.
	추가 연장근로 실시 근로자 수	명(남 명, 여 명)
	연장사유	[ ] 재난 또는 이에 준하는 사고가 발생하여 이를 수습하기 위한 조치가 필요하거나 재난 등의 발생이 예상되어 이를 예방하기 위하여 긴급한 조치가 필요한 경우 [ ] 인명을 보호하거나 안전을 확보하기 위하여 긴급한 조치가 필요한 경우 [ ] 갑작스런 시설·설비의 장애·고장 등 돌발적인 상황이 발생하여 이를 수습하기 위한 긴급한 조치가 필요한 경우 [ ] 통상적인 경우에 비해 업무량이 대폭적으로 증가한 경우로서 이를 단기간 내에 처리하지 않으면 사업에 중대한 지장이 초래되거나 손해가 발생되는 경우 [ ] 소재·부품 등의 연구개발 등 연구개발을 하는 경우로서 고용노동부장관이 국가경쟁력 강화 및 국민경제 발전을 위하여 필요하다고 인정하는 경우
	근로자 건강 보호를 위한 조치	1. 근로자 전원 건강검진 실시(입사자는 배치전 건강검진) 2. 코로나19 예방을 위해 백신접을 독려하고, 신규입사는 접종완료자 또는 PCR검사 3. 근로시간 1시간에 최소 15분간의 휴식시간 부여 4. 식사 및 간식지급

근로시간 연장의 구체적인 사유
1. 발주량이 급격하게 늘어났고   2. 생산파트 파트 인원들의 잦은 퇴사 및 인원수급 제한
3. 인원들의 결원이 예상됨에 따라 생산계획 차질

「근로기준법」 제53조제4항과 같은 법 시행규칙 제9조제2항에 따라 위와 같이 신청합니다.

년   월   일

신청인   (서명 또는 인)
대리인   (서명 또는 인)

○○지방고용노동청(지청)장 귀하

첨부서류	1. 근로자의 동의서 사본 1부 2. 근로시간 연장의 특별한 사정이 있음을 증명할 수 있는 서류 사본 1부	수수료 없음

처리절차								
신청서 제출	→	접수	→	검토	→	결재	→	통보
신청인		지방고용노동청(지청)		지방고용노동청(지청)		지방고용노동청(지청)장		

210mm×297mm[백상지(80g/㎡) 또는 중질지(80g/㎡)]

(6) 특별연장근로 관련 노사협의회회의록 양식은 다음과 같습니다.

1) 노사협의회 회의록 양식

[별지 제3호서식]   (앞쪽)

제 00차 (정기 · 임시) 노사협의회 회의록	
회 의 일 시	
회 의 장 소	
협 의 사 항	
보 고 사 항	
의 결 사 항	
의결된 사항 및 그 이행에 관한 사항	
그 밖의 참고사항 및 전분기 의결된 사항의 이행 상황	

2) 노사협의회 참석위원 서명

(뒤쪽)

참석위원			
근로자	위원	사용자	위원
성명	서명	성명	서명

3) 대상근로자 서명

〈노사협의회 참석 근로자 서명란〉

성 명	생년월일	서 명	성 명	생년월일	서 명

※ 특별한 양식에 구애받기 보다는 위 양식을 참조로 사업장의 특성에 맞게 작성하시면 됩니다.

09. 연차 유급휴가(근로기준법 제60조)

(1) 연차 유급휴가(근기법 제60조)

1) 상시근로자 5인 이상 사업장의 근로자에 대해서는 연차 유급휴가를 지급하여야 합니다.

2) 사용자는 1년간 80% 이상 출근한 근로자에게 15일의 유급휴가를 주어야 합니다.

 ※ 1년간 80% 이상 출근의 의미

 예) 입사일 2021년 1월 15일 기준으로 할 때 2022년 1월 14일까지 1년으로 볼 때 이 기간 중 출근이 80% 이상이어야 한다는 의미입니다.

3) 사용자는 계속하여 근로한 기간이 1년 미만인 근로자 또는 1년간 80% 미만 출근한 근로자에게 1개월 개근 시 1일의 유급휴가를 주어야 합니다.

> 기존에는 근로계약을 1년으로 한 기간제 근로자의 경우에도 근로자의 1년간 출석률이 80% 이상이면 계약 종료 시 15일분의 연차 유급휴가 보상 청구권이 발생한다고 봤다.(대법원 2005.5.27., 선고2003다48556판결) 하지만 2021년 10월 14일 대법원 판결에 따르면 1년 기간제 근로계약을 맺은 노동자에게는 최대 11일의 연차휴가가 부여된다. 즉 1년간(365일)의 계약종료 후 15개의 연차는 발생되지 않는다고 판결하였다.(대법원 2021.10.14.,선고 2021다227100판결)

 ※ 2021.10.14. 대법원판결에 따른 고용노동부 유권해석 변경: 1년간의 근로를 마친 "다음날(366일째) 근로관계가 있어야" 연차휴가 및 그 미사용 수당 청구가 가능합니다.

4) 근로자가 청구한 시기에 연차 사용이 가능하며, 다음의 경우는 출근한 것으로 간주하여 연차 계산 근무일수에 포함해야 합니다.

① 업무상 부상 또는 질병으로 휴직한 경우

② 출산휴가 또는 육아휴직으로 휴가 및 휴직한 경우

5) 연차는 1년간 사용하지 않으면 소멸됩니다.

① 2021년 1월 1일부터 2021년 12월 31일까지 근무하면

② 2022년 1월 1일부로 연차 15개 발생

③ 2022년 1월 1일부터 2022년 12월 31일까지 15개 사용

④ 2023년 1월 미사용분에 대해서는 수당으로 지급(연차소멸)

※ 미사용분을 보관했다가 사용할 수는 없음

※ 연차는 다음 연도에 발생할 연차를 미리 사용은 가능하나 노사 간 상호 협의가 이루어져야 합니다.

(2) 연차수당 계산방법

1) 연차수당은 근로기준법 제60조 제5항에 의거 연차휴가에 대한 보상으로 통상임금이나 평균임금을 지급하도록 규정하고 있습니다.

2) 연차수당 = 1일당 통상임금(시급×1일 근무시간)×소진하지 않은 연차일수

(3) 연차유급휴가의 사용촉진(근기법 제61조)

1) 연차유급휴가의 사용촉진제도는 근로자들의 연차사용권을 보장하기 위한 제도입니다.

2) 연차유급휴가의 사용촉진을 위해서는 사업주는 근로자에게 연차에

대한 사용기간이 끝나기 전에 근로자에게 사용하지 않은 연차 휴가를 사용하도록 적극 권장하여야 합니다.

3) 연차휴가 사용 기간 만료 6개월 전에 사업주는 근로자에게 남은 연차 휴가 일수를 서면으로 공지하면 근로자는 10일 이내에 회사 측에 사용 시기를 통보하여야 합니다.

4) 연차휴가 사용을 공지하였음에도 불구하고 근로자가 연차휴가 사용 시기를 통보하지 않을 경우 사용만료 2개월 전까지 연차 유급휴가 사용 시기를 정하여 근로자에게 통보합니다.

(4) 연차수당의 지급

1) 연차유급휴가 사용촉진제도를 사용하지 않는 회사의 경우는 근로자가 미사용한 연차에 대해 수당으로 지급하여야 합니다.

2) 연차유급휴가 사용촉진제도를 사용하는 회사의 경우 절차에 의하여 연차유급휴가 사용을 고지하였으나 근로자가 이행하지 않은 경우에는 수당으로 지급할 의무는 없습니다.

3) 연차수당 1개는 1일 통상임금(통상시급 × 일일근로시간(8))을 적용하여 지급하면 됩니다.

4) 연차 발생

구분	1년차	2년차	3년차	……	25년차
개수	11+15개	15개	16개	……	25개

1년 80% 이상 근무지 15개의 연차유급휴가가 발생되면 3년차부터는 매2년 단위로 1개씩 증가하여, 최대 25개까지 발생합니다.

5) 연차 유급휴급 지급방법

① 입사일 기준 지급방법

　　가령 입사일이 2021년 12월 21이라고 가정할 때 입사일 기준으로 연차 발생과정을 보면 다음과 같습니다.

구분	21.12.21 ~22.12.20	22.12.21	23.12.21	24.12.21	25.12.21
발생연차	11	15	15	16	16

② 회계연도기준 지급방법

　　가령 입사일은 2021년 12월 21일이고, 회기년도가 3월 1일이라고 가정하면 연차발생과정은 다음과 같습니다.

구분	21.12.21 ~22.02.28	22.03.01 ~23.03.01	24.03.01	25.03.01	26.03.01
월발연차	2	9			
연발연차		15	15	16	16

> ※ 대법원은 2021. 10. 14 선고 #2021다227100 판결문
> "근로기준법 제60조 제1항은 최초 1년간 80% 이상 출근한 근로자가 그 다음 해에도 근로관계를 유지하는 것을 전제로 하여 2년차에 15일의 유급휴가를 주어야 한다는 취지로 해석함이 타당하다. 즉, 근로기준법 제60조 제1항은 1년 기간제 근로계약을 체결하여 1년의 근로계약이 만료됨과 동시에 근로계약관계가 더 이상 유지되지 아니하는 근로자에게는 적용되지 않는다."

10. 법정의무교육

사업체를 운영하는 사업주들은 매년 6대 법정의무교육을 실시해야 합니다. 법정의무교육은 관련법에 따라 의무적으로 사업장에서 교육을 반드시 실시해야 합니다. 교육의 목적은 근로자들에게 언제 발생할지 모르는 사건 또는 사고를 미연에 방지하고자 하는 것이 목적입니다.

(1) 6대의무교육
1) 직장 내 괴롭힘 예방교육
2) 직장 내 성희롱예방교육
3) 직장 내 장애인 인식개선 교육
4) 산업안전보건교육
5) 개인정보보호교육
6) 퇴직연금교육

(2) 직장 내 괴롭힘 예방교육(근로기준법 제76조의 2)
직장 내 괴롭힘 예방교육은 근로기준법 제76조에 의거하여 해야 하는 법정의무교육입니다.

1) 교육시간은 1년에 1회 1시간이상 전 직원을 대상으로 실시해야 합니다.

2) 취업규칙에 포함되어야 하며, 취업규칙에 포함되지 않은 사업장에서는 취업규칙을 수정하시고 관할노동청에 신고하여야 합니다.

3) 직장 내 괴롭힘을 행한 사용자와 사용자의 친족인 근로자에 대해 1,000만 원 이하의 과태료가 부과될 수 있습니다.

> [근로기준법 시행령] 직장 내 괴롭힘 대상이 되는 사용자의 친족범위
> ① 사용자의 배우자 ② 4촌 이내의 혈족 ③ 4촌 이내의 인척

4) 직장 내 괴롭힘에 대한 객관적 조사 실시 등 사용자의 조치의무사항을 위반한 경우 500만 원 이하의 과태료가 부과됩니다.
  ① 직장 내 괴롭힘 발생 사실 확인을 위한 조사를 실시하지 않은 경우 1차 300만 원
  ② 피해 근로자가 요청 시 근무 장소 변경 등 적절한 조치를 취하지 않은 경우 1차 200만 원
  ③ 가해자에게 징계 등 필요한 조치를 하지 않은 경우 1차 200만 원
  ④ 조사과정에서 알게 된 비밀을 다른 사람에게 누설한 경우 1차 300만 원

(3) 직장 내 성희롱 예방교육

남녀고용평등 제13조, 제39조에 의거 직장 내 성희롱 예방교육은 반드시 실시해야 하는 법정의무교육입니다.

1) 모든 사업장의 임직원을 대상으로 연 1회 이상 교육을 실시해야 합니다.

2) 반드시 집체교육을 하실 필요는 없으며, 사업의 규모나 특성 등을 고려하여 직원연수 조회·회의, 인터넷 등 정보통신망을 이용한 사이버

교육도 가능합니다.

3) 미 이행 시 500만 원 이하의 과태료 부과될 수 있습니다.

예외적으로 상시 근로자 10인 미만 사업, 사업주 및 근로자가 모두 같은 성별일 경우 교육 자료 또는 홍보물을 게시 배포하는 것으로 대체가 가능합니다.

(4) 직장 내 장애인 인식개선 교육

직장 내 장애인 인식개선 교육은 장애인고용촉진 및 직업재활법 제5조에 의거하여 실시해야 하는 법정의무교육입니다.

1) 모든 사업장을 대상으로 연 1회, 1시간 이상 교육을 실시해야 합니다.

2) 교육은 집합교육, 원격교육, 체험교육 등 사업장의 현실에 맞게 실시하면 됩니다.

3) 사업주 직접 교육을 하거나, 고용노동부 장관이 지정한 기관에 위탁교육 또는 외부 전문 강사 초빙하여 교육하는 것도 가능합니다.(강사 자격: 공단 강사양성과정을 수료한 강사)

4) 미 이행 시 500만 원 이하의 과태료가 부과될 수 있습니다.

예외적으로 장애인 고용 의무가 없는 50인 미만 사업장은 교육자료 또는 홍보물 게시·배포로 교육을 대신할 수 있습니다.

(5) 산업안전보건 교육

산업안전보건교육은 산업안전보건법에 의거 5인 이상 모든 사업장에서 실시해야 하는 법정의무교육입니다.

1) 안전보건교육의 종류

① 신규채용안전교육

[산업안전보건법] 제29조(근로자에 대한 안전보건교육) 제2항 및 고용노동부 고시[산업안전·보건규정] 제2조에 의거 신규로 채용하는 근로자에 대해서는 직무 배치 이전(최초 작업에 종사하기 전)에 8시간의 신규채용안전교육을 실시하여야 합니다.

② 정기안전교육

1. 정기안전교육은 현장근로자 기준 매월 2시간을 실시하여야 합니다.

2. 정기안전교육에 포함할 사항은 다음과 같습니다.

가. 산업안전 및 사고 예방에 관한 사항

나. 산업보건 및 직업병 예방에 관한 사항

다. 건강증진 및 질병예방에 관한 사항

라. 유해위험 작업환경 관리에 관한 사항

마. 산업안전보건법령 및 산업재해 보상보험 제도에 관한 사항

바. 직무스트레스 예방 및 관리에 관한 사항

사. 직장 내 괴롭힘 , 고객의 폭언 등으로 인한 건강 장애 예방 및 관리에 관한 사항

③ 특별안전교육

④ MSDS교육

⑤ 배치전환안전교육

2) 정기적으로 안전보건교육을 실시해야 합니다.(근로자들은 월 1회 2시간, 사무직은 2개월에 1회 1시간)

3) 산업안전보건교육은 자체적 집체교육, 현장교육, 인터넷 원격교육 혹은 등록된 교육기관에 위탁 교육도 가능합니다.

4) 정기적으로 안전보건교육을 하지 않은 경우 최대 500만 원의 과태료가 부과될 수 있습니다.(근로자 1명당 1차 위반 10만 원, 2차 위반 20만 원, 3차 위반 50만 원)

　　예외적으로 업무 형태나 근로자 수에 따라 예외가 있으며, 교육과정 및 대상 등에 따라 교육 시간도 다르게 적용될 수 있습니다.

구분	대상	관련법령
산업안전보건교육	5인 이상 사업장	산업안전보건법제31조
직장 내 성희롱예방교육	모든 사업장	남녀고용평등과 일·가정 양립지원에 관한 법률 제13조
개인정보보호법교육	개인정보를 처리하는 자	개인정보보호법 제28조
직장 내 장애인 인식개선교육	사업주 및 모든 근로자	장애인고용촉진 및 직업재활법 제5조의2
퇴직연금교육	퇴직연금 제도 가입자	근로자 퇴직급여 보장법 제32조

5) 안전보건교육일지(양식)

안 전 보 건 교 육 일 지	결 재	담 당	관리감독자	대표이사

작성일자 : 202 년   월   일   작성자 :

교육명칭	1. 채용시 교육 (8시간) 2. 작업내용변경시 교육 (2시간) 3. 특별안전보건교육 (16시간) 4. 정기안전보건교육 (매월 2시간) 5. 관리감독관 교육 (연 16시간) 6. 기타 ( )교육				
교육인원	구 분	계	남	여	교육미실시사유
	교육대상자 수	명	명	명	
	참석인원	명	명	명	
	교육미실시자 수				
교육시간	: ~ : (시간)				
교육내용	1. 2. 3. 4. 5.				
교육실시자 및 장소	성 명	직 명	교육실시장소		비 고
특이사항					

안전보건교육 참석자 서명란

순번	성 명	서 명	순번	성 명	서 명	순번	성 명	서 명
1			6			11		
2			7			12		
3			8			13		
4			9			14		
5			10			15		

※ 교육인원이 많을 경우 서명란을 별도로 만들어 서명을 받아도 무방합니다.

(6) 개인정보보호교육

개인정보보호교육은 개인정보보호법 제28조에 근거하여 모든 사업장에서 연 1회 1시간 이상 실시하여야 합니다.

1) 정기적으로 개인정보보호 교육을 실시하여야 합니다.

2) 개인정보보호교육을 이수하지 않고 개인정보를 유출했을 시 최대 5억 원의 과태료가 부과될 수 있습니다.

(7) 퇴직연금교육

퇴직연금교육은 근로자퇴직급여보장법 제32조에 따라 모든 사업장에서 연 1회에 1시간 이상 실시하여야 합니다.

1) 사업주는 온라인 교육이나 서면교육 둘 중 하나를 선택해서 실시하면 됩니다.

2) 미실시 시 최대 300만 원의 과태료가 부과될 수 있습니다.

[법원판례] 소정근로시간 외에 이뤄진 법정의무교육…연장근로수당 인정

대구지법 제17민사단독 박효선 부장판사는 경산시 소재 장애인 복지시설 성락원에서 1~17년 사회복지사로 근무하다 퇴직한 A씨 등 11명이 사회복지법인 성락원을 상대로 낸 임금지급 청구소송에서 화해권고 결정을 내렸고, 원고와 피고 모두 이의를 제기하지 않아 결정이 확정됐다. 성락원은 A씨 등에게 5600여만 원의 체불임금과 지연손해금을 지급해야 한다.

11. 임금체불(대지급금제도)

임금채권보장법 시행령(2021년 10월 14일) 일부변경으로 대지급금 제도를 신설하였으며, 대지급금 지급 절차가 간소화 되었습니다.

(1) 재직근로자의 경우

1) 소송, 진정제기 당시 근로계약이 종료되지 않은 상태이어야 합니다.

2) 임금액이 고용노동부 장관이 고시하는 금액* 미만이어야 합니다.

> 금액*이란
> 최저임금의 110%('21년 기준 시간당 9,592원(8,720×1.1).
> 주 40시간 기준 월급 2,004,728원)

3) 마지막 체불일의 다음날부터 2년 이내 소송 또는 1년 이내 진정 등을 제기한 근로자가 간이 대지급금 지급대상이 됩니다.

(2) 퇴직근로자의 경우

확정판결 없이'체불임금 등 사업주확인서'로 간이대지급금(소액체당금)을 청구할 때 "퇴직한 다음 날부터 1년 이내에 진정 등을 제기한 근로자"가 지급대상이 됩니다.

(3) 변경내용

"체당금"⇒ "체불임금 등 대지급금"
"일반체당금"⇒ "도산대지급금"
"소액체당금"⇒ "간이대지급금"

※ 대지급금 부정수급에 대한 신고포상금을 "부정수급액의 15%, 5천만 원 한도" ⇒ "최대 30%, 1억 원 한도"

(4) 대지급금 지급 대상 및 지급 절차

1) 퇴직자, 저소득 재직자도 청구 가능

2) 관할노동청에 진정 ⇒ 출석 ⇒ 사업주 확인서 발급 ⇒ 청구

3) 소요기간은 출석 후 2주정도 소요(총 소요기간 최대 2개월)

4) 근로복지공단 방문 또는 인터넷으로 접수

5) 지급금액은 임금 최대 700만 원, 퇴직금 최대 270만 원 정도는 대지급금 청구를 통해 받을 수 있습니다.

※ 절차 및 지급까지의 기간이 기존에 비해 간소화되고 단축되었습니다.

※ 임금체불 면책에 대한 대법원 판례

1. 사용자가 경영부진으로 인한 자금사정 등으로 지급기일내에 임금 등을 지급할 수 없었던 불가피한 경우 뿐만 아니라 기타의 사정으로 사용자의 임금 부지급에 고의가 없거나 비난할 수 없는 경우에도 그 죄가 되지 않는다.(대법원1998.6.26.선고98도1260판결 근로기준법 위반)

2. 임금지급의 원칙은 사용자로 하여금 매월 일정하게 정해진 기일에 근로의 대가를 근로자에게 어김없이 지급하도록 강제함으로써 근로자의 생활안정을 도모하고자 하는 데에 그 입법취지가 있으므로 사용자 임금지급을 위하여 최선의 노력을 다하였으나 경영부진으로 인한 자금사정의 악화 등으로 도저히 임금 지급기일을 지킬 수 없었던 불가피한 사정이 인정되는 경우에는 임금체불의 죄책을 물을 수 없다.(대법원 1988.5.10.선고판결)

12. 외국인 근로자 고용

외국인 근로자의 고용 등에 관한 법률 시행령(2021년 10월 14일부) 변경에 따라 외국인 근로자 고용허가를 최초로 받은 사용자의 경우 노동관계법령, 인권 등에 관한 교육을 의무적으로 이수해야 합니다.

(1) 외국인고용허가 대상 외국인 근로자

1) 체류자격: H-2(방문취업), E-9(비전문취업), 기타

2) 외국인 근로자의 고용보험 대상 여부

① 상시근로자 30인 이상 사업 또는 사업장(2021. 01. 01)

② 상시근로자 10인 이상 사업 또는 사업장(2022. 01. 01)

③ 상시근로자 10인 미만 사업 또는 사업장(2023. 01. 01)

※ 상기 외국인 근로자에 대해서는 고용보험을 가입하여야 합니다.

3) 외국고용허가 제외 외국인: F-4(재외동포)

※ "F"계열의 외국인에 대해서는 외국인고용허가를 득할 필요 없이 채용이 가능하다. 다만 이 경우 F-4의 경우에는 고용보험을 가입하지 않습니다.

(2) 외국인 근로자 고용절차

1) 내국인 구인신청

「외국인 근로자의 고용 등에 관한 법률」 제6조 제1항에 워크넷 등 직업안정 기관에서 내국인 고용등록을 하고 내국인 근로자 구인노력을 하여야 합니다.

※ 내국인 구인노력을 최소한 15일 이상 하여야 합니다.

① 소재지 관할 직업안정기관의 장이 사용자가 제출한 내국인 구인노력증명서(「외국인 근로자의 고용 등에 관한 법률 시행규칙」 별지 제5호의2 서식)를 검토한 결과 사용자의 적극적인 내국인 채용노력 사실을 인정하는 경우

② 사용자가 소재지 관할 직업안정기관을 통한 구인노력을 하면서 다음의 어느 하나에 해당하는 매체를 통하여 3일 이상 내국인 구인 사실을 알리는 구인노력을 한 경우

  1. 규제「신문 등의 진흥에 관한 법률」 제2조 제1호가목에 따른 일반일간신문 또는 같은 호 나목에 따른 특수일간신문(경제 및 산업 분야에 한정)

  2. 「잡지 등 정기간행물의 진흥에 관한 법률」 제2조 제1호나목에 따른 정기간행물, 같은 호 다목에 따른 전자간행물 또는 같은 호 라목에 따른 기타간행물

  3. 「방송법」 제2조 제1호에 따른 방송

2) 고용허가 신청

① 사용자가 내국인근로자를 구하기 위해 노력했음에도 불구하고 내국인 근로자의 전부 또는 일부를 채용하지 못한 경우에만 고용허가를 신청할 수 있습니다(규제「외국인 근로자의 고용 등에 관한 법률」 제8조 제1항).

  다만, 사용자가 고용센터의 소개에도 불구하고 정당한 이유 없이 2회 이상 채용을 거부 하였다면 내국인 구인노력을 한 것으로 인정되지 않습니다(규제「외국인 근로자의 고용 등에 관한 법률 시행령」 제13조의4제2호 단서).

② 고용허가의 신청기한과 제출서류

사용자가 내국인 구인노력을 했음에도 불구하고 내국인을 채용하지 못하면 구인노력기간이 지난 후 3개월 이내에 외국인 근로자 고용허가서 발급신청서(「외국인 근로자의 고용 등에 관한 법률 시행규칙」 별지 제4호 서식)에 외국인 근로자를 고용할 수 있는 사업 또는 사업장에 해당(규제「외국인 근로자의 고용 등에 관한 법률 시행령」 제13조의4제1호)함을 입증할 수 있는 서류를 첨부해서 사업 또는 사업장의 소재지를 관할하는 고용센터 소장에게 제출함으로써 외국인 근로자의 고용 허가를 신청할 수 있습니다(「외국인 근로자의 고용 등에 관한 법률 시행규칙」 제5조 제1항).

③ 외국인 구직자의 추천

고용허가신청이 접수되면 고용센터에서 "외국인 근로자 도입 업종 및 규모 등의 요건"을 충족한 사용자에 대해 외국인 구직자명부에 등록된 자 중에서 사용자가 신청한 구인조건을 갖춘 자를 3배수 이상(해당 자격을 갖춘 자가 3배수가 안되면 자격을 갖춘 인원을 말함) 추천해 줍니다(「외국인 근로자의 고용 등에 관한 법률 시행규칙」 제5조 제2항).

※ "외국인 근로자 도입업종 및 규모 등의 요건"에 대해서는 이 사이트의 『외국인 근로자 고용·취업』의 ≪외국인 근로자 고용-외국인 근로자 고용자격·범위-외국인 근로자 도입규모 및 업종≫에서 확인하실 수 있습니다.

※ 여기서의 "외국인 구직자 명부"란 선발기준에 적합한 자격을 갖추어 대한민국에 취업하려는 외국인 근로자의 구직 명단을 말하는 것으로서 고용노동부장관이 외국인 근로자를 송출하는 국가의 노동행정을 관장하는 정부기관의 장과 협의해서 작성합니다.(규제「외국인 근로자의 고용 등에 관한 법률」 제7조 제1항 및 규제「외국인 근로자의 고용 등에 관한 법률 시행규칙」 제12조).

④ 고용허가신청의 유효기간과 그 연장

　　한 번 고용허가를 신청하면 그 유효기간은 3개월이므로, 이 기간 내에 추천받은 적격자를 선정해야 합니다(규제「외국인 근로자의 고용 등에 관한 법률」제8조 제2항).

　　다만, 다음의 어느 하나에 해당하는 사유가 발생해서 유효기간 연장이 필요한 경우에는 1회에 한해서 그 고용허가신청 유효기간이 만료되기 전에 고용센터 소장에게 그 연장을 신청할 수 있습니다(규제「외국인 근로자의 고용 등에 관한 법률」제8조 제2항 및 「외국인 근로자의 고용 등에 관한 법률 시행령」제13조의3).

　1. 일시적인 경영악화 또는 예상할 수 없었던 조업단축 등이 발생하여 신규 근로자를 채용할 수 없는 경우

　2. 천재지변이나 그밖에 부득이한 사유로 사업계속이 불가능한 경우

⑤ 고용허가의 재신청

　　고용허가신청 유효기간 내에 추천받은 적격자를 선정하지 않은 사용자가 외국인 근로자를 고용하려는 경우에는 외국인 근로자 고용허가를 다시 신청해야 합니다(「외국인 근로자의 고용 등에 관한 법률 시행규칙」제5조 제3항).

3) 고용허가서 발급

　　사용자가 추천받은 적격자 중에서 채용할 근로자를 선정하면 고용센터 소장으로부터 선정된 외국인 근로자의 성명, 고용허가기간 등이 기재된 외국인 근로자 고용허가서(「외국인 근로자의 고용 등에 관한 법률 시행규칙」별지 제5호 서식)를 발급받습니다(규제「외국인 근로자의 고용 등에 관한 법률」제8조 제4항 및 「외국인 근로자의 고용 등에 관한 법률 시행규칙」제5조 제4항).

4) 고용허가서 재발급

① 재발급사유

사용자가 고용허가서를 발급받은 후 외국인 근로자의 사망 등 불가피한 사유로 해당 외국인 근로자와 근로계약을 체결하지 못하거나 근로계약을 체결한 후 사용자의 책임이 아닌 사유로 외국인 근로자가 근로를 개시할 수 없게 된 경우에는 고용센터 소장으로부터 고용허가서를 재발급 받아야 합니다(규제「외국인 근로자의 고용 등에 관한 법률 시행령」 제14조 제2항).

② 재발급신청절차

사용자가 외국인 근로자 고용허가서를 재발급 받으려면 재발급 사유가 발생한 사실을 안 날부터 7일 이내에 외국인 근로자 고용허가서 재발급신청서(「외국인 근로자의 고용 등에 관한 법률 시행규칙」 별지 제4호서식)에 다음의 서류를 첨부해서 사용자가 영위 하는 사업 또는 사업장의 소재지를 관할하는 고용센터 소장에게 제출해야 합니다(「외국인 근로자의 고용 등에 관한 법률 시행규칙」 제6조.

1. 외국인 근로자 고용허가서 원본
2. 외국인 근로자의 도입 업종, 외국인 근로자를 고용할 수 있는 사업 또는 사업장(규제 「외국인 근로자의 고용 등에 관한 법률 시행령」 제13조의 4제1호)에 해당함을 입증하는 서류(고용허가서 발급 시와 비교 했을 때 사업장의 업종 및 규모가 다른 경우에만 해당)

5) 근로계약 체결

① 표준근로계약서의 작성

사용자가 선정한 외국인 근로자를 고용하려는 경우에는 표준근로계약서(「외국인 근로자의 고용 등에 관한 법률 시행규칙」 별지 제6호서식(농업·축산업·어업분야는 「외국인 근로자의 고용 등에 관한 법률 시행규칙」 별지 제6호의2서식)]를 사용해서 근로계약을 체결해야 합니다(규제「외국인 근로자의 고용 등에 관한 법률」 제9조 제1항).

　※사용자는 근로계약의 체결을 한국 산업인력공단에 대행하게 할 수 있습니다(규제「외국인 근로자의 고용 등에 관한 법률」 제9조 제2항). 사용자 또는 한국 산업인력공단이 근로계약을 체결하거나 이를 대행하는 경우에는 근로계약서 2부를 작성하고 그 중 1부를 외국인 근로자에게 내주어야 합니다.「외국인 근로자의 고용 등에 관한 법률 시행령」 제16조).

② 근로계약기간

　외국인 근로자와 사용자는 3년의 기간 내에서 당사자 간 합의에 따라 근로계약을 체결하거나 갱신할 수 있습니다(규제「외국인 근로자의 고용 등에 관한 법률」 제9조 제3항 및 제18조).

　※이 경우 근로계약은 외국인 근로자가 입국한 날부터 효력이 발생합니다(「외국인 근로자의 고용 등에 관한 법률 시행령」 제17조 제1항). 다만, 취업활동기간 3년이 만료되어 출국하기 전에 사용자가 고용노동부장관에게 재고용허가를 요청한 외국인 근로자는 3년의 기간 제한(「외국인 근로자의 고용 등에 관한 법률」 제18조)에도 불구하고 한 차례만 2년 미만의 범위에서 취업활동기간을 연장 받아, 연장된 취업활동기간의 범위에서 근로계약을 체결할 수 있습니다(「외국인 근로자의 고용 등에 관한 법률」 제18조의2제1항).

1. 사용자가 재고용 허가를 받으려면 취업활동 기간 만료일까지의 근로계약 기간이 1개월 이상인 외국인 근로자를 대상으로 해당 근로자의 취업활동 기간 만료일의 7일 전까지 다음의 서류를 소재지 관할 직업안정기관의 장에게 제출해야 합니다. 이 경우 고용센터에서 행정정보의 공동이용을 통하여 사업자등록증을 확인하며,

신청인은 확인에 동의하지 않으면 사업자등록증 사본을 제출해야 합니다(규제「외국인 근로자의 고용 등에 관한 법률 시행규칙」제14조의 2제1항).

　가. 취업기간 만료자 취업활동기간 연장신청서(「외국인 근로자의 고용 등에 관한 법률 시행규칙」별지 제12호의3 서식)

　나. 외국인등록증 사본

　다. 여권 사본

　라. 표준근로계약서 사본

2. 취업활동기간 연장 신청을 받은 소재지관할 직업안정기관의 장은 연장신청서를 검토한 결과 해당요건을 충족하는 경우에는 신청서를 접수한 날부터 7일 이내에 취업기간 만료자 취업활동기간 연장 확인서(「외국인 근로자의 고용 등에 관한 법률 시행규칙」별지 제12호의4 서식)를 발급합니다(「외국인 근로자의 고용 등에 관한 법률 시행규칙」제14조의2제2항).

　고용노동부장관은 감염병 확산, 천재지변 등의 사유로 외국인 근로자의 입국과 출국이 어렵다고 인정되는 경우에는 외국인력정책위원회의 심의·의결을 거쳐 1년의 범위에서 취업활동연장할 수 있습니다(「외국인 근로자의 고용 등에 관한 법률」제18조의2제2항).

6) 사증발급인정서 신청

① 외국인 근로자와 근로계약을 체결한 사용자는 해당 외국인 근로자를 대신해서 법무부장관에게 사증발급인정서를 신청할 수 있습니다(「외국인 근로자의 고용 등에 관한 법률」제10조).

　사증발급인정서는 법무부장관이 외국인 입국 시 필요한 사증을 발급함에 앞서 특히 필요하다고 인정할 때 입국하려는 외국인의 신청에 의해 발급되는 것입니다(규제「출입국관리법」제9조 제1항). 이

사증발급인정서의 발급신청은 그 외국인을 초청하려는 자(여기서는 사용자)가 대리할 수 있습니다(「출입국관리법」 제9조 제2항).

② 국내에 있는 사용자가 외국인 근로자를 대신해서 관할 출입국관리 사무소 또는 출장소(울산, 동해 출장소만 해당)에 신청해서 사증발급 인정서를 발급받으면, 입국하려는 외국인 근로자는 사용자로부터 사증발급인정서를 송부 받아 대한민국 대사관 또는 영사관에 사증 발급을 신청할 수 있습니다.

이 경우, 사증발급인정서 대신 사증발급인정번호를 부여하는 국가도 있습니다. 사증발급인정번호는 전자사증이 발급되는 국가에서 인정됩니다[사증발급인정번호 발급국가에 대해서는, 외국인을 위한 전자정부에서 확인할 수 있습니다].

7) 외국인 취업교육 실시

사용자는 외국인 근로자가 입국한 후 15일 이내에 한국 산업인력공단 또는 국가별·업종별 취업교육기관에서 국내 취업활동에 필요한 사항을 주지시키기 위해 실시하는 교육을 받게 해야 합니다(규제 「외국인 근로자의 고용 등에 관한 법률」 제11조, 규제 「외국인 근로자의 고용 등에 관한 법률 시행령」 제18조 및 규제 「외국인 근로자의 고용 등에 관한 법률 시행규칙」 제10조).

※ 국가별·업종별 취업교육기관은 「국가별·업종별 취업교육기관 지정 고시」(고용노동부고시 제2021-334호, 2021. 8. 5. 발령·시행)에서 확인할 수 있습니다.

8) 근로 시작

이상의 절차를 마치면, 취업교육을 이수한 외국인 근로자를 인도해서 사업장에 배치시키고 근로를 시작하게 됩니다.

9) 고용허가기간 연장허가

① 사용자가 외국인 근로자와 근로계약을 갱신하면 고용센터 소장에게 외국인 근로자 고용허가기간 연장허가를 받아야 합니다(「외국인 근로자의 고용 등에 관한 법률 시행령」 제17조 제2항).

② 이 경우 사용자는 외국인 근로자고용허가 기간 연장신청서(「외국인 근로자의 고용 등에 관한 법률 시행규칙」 별지 제7호 서식)에 근로계약서 사본, 외국인등록증 사본, 여권 사본을 첨부해서 사용자가 영위하는 사업 또는 사업장의 소재지를 관할하는 고용센터 소장에게 제출해야 합니다. 이 경우 고용센터에서 행정정보의 공동이용을 통하여 사업자등록증을 확인하며, 신청인은 확인에 동의하지 않으면 사업자등록증 사본을 제출해야 합니다(「외국인 근로자의 고용 등에 관한 법률 시행 규칙」 제9조 제1항).

③ 고용허가기간 연장허가를 신청하면 접수일로부터 7일 이내에 고용허가기간 연장일자가 기재된 외국인 근로자고용허가서(「외국인 근로자의 고용 등에 관한 법률 시행규칙」 별지 제5호서식)가 발급됩니다(「외국인 근로자의 고용 등에 관한 법률 시행규칙」 제9조 제2항).

10) 재입국금지기간

① 국내에서 취업한 후 출국한 외국인 근로자(규제「외국인 근로자의 고용 등에 관한 법률」 제12조 제1항에 따른 외국인 근로자는 제외)는, 출국한 날부터 6개월이 지나지 않으면 「외국인 근로자의 고용 등에 관한 법률」에 따라 다시 취업할 수 없습니다(「외국인 근로자의 고용 등에 관한 법률」 제18조의3).

② 다만, 사용자가 외국인 근로자의 취업기간이 만료되어 출국하기 전에 고용노동부장관에게 재고용을 요청한 경우에는 2년 미만의 범위에서 취업활동기간을 연장 받을 수 있습니다(「외국인 근로자의 고

용 등에 관한 법률」 제18조의2). 이 경우 해당 외국인 근로자는 출국할
필요 없이 연장된 취업활동기간 동안 계속하여 근무할 수 있습니다.

(3) 외국인 고용 시 사전교육

1) 교육은 한국 산업인력공단에서 제공(무료)하며, 집체 또는 온라인 학
습(PC 또는 모바일)으로 6시간 동안 진행하게 됩니다.

2) 교육을 미 이수한 사용자에 대해 과태료 300만 원 부과됩니다.

(4) 외국인 근로자 숙식문제

1) 외국인 근로자의 숙식문제를 사업주가 반드시 책임져야 할 문제는 아
닙니다. 다만 배려 차원에서 편의를 제공하는 경우도 있습니다.

2) H-2(방문취업)와 달리 E-9(비전문취업)의 경우는 국내에 별도의 연고
가 없기에 최초 취업자에 대해서는 사업장에서 숙식문제를 해결해
주는 경우가 많습니다.

[외국인 근로자에 대한 차별금지]

「외국인 근로자의 고용 등에 관한 법률」 제22조(차별금지) 사용자
는 외국인 근로자라는 이유로 부당하게 차별하여 처우하여서는 아
니된다.

---

13. 임금대장 및 임금지급명세서

(1) 근로기준법 제48조 임금대장 및 임금지급명세서

1) 사용자는 각 사업장별로 임금대장을 작성하고 임금과 가족수당 계산의 기초가 되는 사항, 임금액, 그밖에 대통령령으로 정하는 사항에 대해 임금을 지급할때마다 작성하여야 한다. 〈개정 2021. 5. 18.〉

2) 사용자는 임금을 지급하는 때에는 근로자에게 임금의 구성항목·계산방법, 제43조 제1항 단서에 따라 임금의 일부를 공제한 경우의 내역 등 대통령령으로 정하는 사항을 적은 임금명세서를 서면(「전자문서 및 전자거래 기본법」 제2조 제1호에 따른 전자문서를 포함한다)으로 교부하여야 합니다.

(2) 임금대장에 포함할 사항

1) 성명
2) 생년월일, 사원번호 등 근로자를 특정할 수 있는 정보
3) 고용 연월일
4) 종사하는 업무
5) 임금 및 가족수당의 계산기초가 되는 사항
6) 근로일수
7) 근로시간수
8) 연장근로, 야간근로 또는 휴일근로를 시킨 경우에는 그 시간수
9) 기본급, 수당, 그밖에 임금의 내역별 금액(통화 외의 것으로 지급된 임금이 있는 경우에는 그 품명 및 수량과 평가총액)
10) 법 제43조 제1항 단서에 따라 임금의 일부를 공제한 경우에는 그 금액

※ 아래 표 ①, ②, ③을 연결하면 임금대장이 됩니다. 이 양식을 토대로 각 사업장에 맞게 엑셀 등으로 작성하시면 됩니다.

① 2022년 05월 임금대장

업체명		주식회사 인사노무행정							
연번	성 명	생년월일	입사일	수행업무	기본월급	시급	총근로시간	근로일수	주휴시간
1	홍길동	1990.01.01	2020.02.02	물류관리					
2									
3									

②

기 본 급	잔업수당		연차수당	휴일근로수당		상여금	기타수당	총 액
	시간	수당		시간	수당			

③   사업장등록번호:

확인자								
소득세	주민세	국민연금	건강보험	장기요양	고용보험	공제계	수령액	영수인

(3) 임금명세서에 포함할 사항

1) 근로자의 성명, 생년월일, 사원번호 등 근로자를 특정할 수 있는 정보

2) 임금지급일

3) 임금 총액

4) 기본급, 각종 수당, 상여금, 성과금, 그밖에 임금의 구성항목별 금액 (통화 이외의 것으로 지급된 임금이 있는 경우에는 그 품명 및 수량과 평가총액을 말한다)

5) 임금의 구성항목별 금액이 출근일수·시간 등에 따라 달라지는 경우에는 임금의 구성항목별 금액의 계산방법(연장근로, 야간근로 또는 휴일근로의 경우에는 그 시간 수를 포함한다)

6) 법 제43조 제1항 단서에 따라 임금의 일부를 공제한 경우에는 임금의 공제 항목별 금액과 총액 등 공제내역

포괄임금제(판례번호 울산지법 2015.03.22. 선고 2013가합8607 판결)

관광운수업에 고용되어 근무하는 전세통근버스 운전기사에 대한 포괄임금제 계약에 대해 운행시간이 예측불가능하고, 운행 형태도 일정하지 않으며, 취업규칙에 간주시간제도 규정이 있고, 심야근로 종사 근로자에게는 심야수당 등을 지급하기도 한 점 등을 들어 합리적인 이유가 있는 유효한 것으로 판단하였고, 최저임금 미달액 주장에 대해서도 운전기사들이 지급받은 금액을 시간에 대한 임금으로 환산하면 최저임금 보다 상회하므로 이유없다고 판단한 사안

(4) 임금지급명세서

임금지급명세서 양식은 다음과 같습니다. 다만 이 양식을 기초로 각 사업장의 사정에 맞춰 변경하여 사용하시면 됩니다.

2022년 01월 임금지급명세서

근무기간 : 2022.01.01~2022.01.31		지급일	2022.02.10	
성 명		생년월일	사원번호	
근무일수		시급		
평일야간근로		평일잔업	휴일근로	

급 여 및 공 제 내 역			
급 여 내 역		공 제 내 역	
기본금	-	국민연금	-
평일잔업수당	-	건강보험	-
평일야간	-	장기요양	-
휴일근로		고용보험	-
		갑근세	
연차수당		지방소득세	
상여금			-
가족수당			
기타수당		기타가불공제	
임금총계		공제합계	
지 급 액			

주식회사 인사노무행정

(5) 임금의 시효

임금채권은 3년간 행사하지 아니하면 시효가 소멸한다.(근기법 제
49조)

[참고] 대법원판결 2003.2.11. 2002재다388

해마다 미리 지급기준과 지급비율을 정하고 그에 따라 지급하는 포
상금은 평균임금에 포함됨.

---

14. 근로자 명부(근로기준법시행령 제20조)

(1) 근로자 명부에 포함될 내용은 다음과 같습니다.

  1) 성명

  2) 성(性)별

  3) 생년월일

  4) 주소

  5) 이력(履歷)

  6) 종사하는 업무의 종류

  7) 고용 또는 고용갱신 연월일, 계약기간을 정한 경우에는 그 기간, 그밖에 고용에 관한 사항

  8) 해고, 퇴직 또는 사망한 경우에는 그 연월일과 사유

  9) 그밖에 필요한 사항

※ 포괄임금제에 포함된 연장근로를 초과한 경우

대법원 2017다239984 (2020.11.26)

월의 연장근로시간에 대한 수당을 사전에 매월의 월급에 포함하는 포괄임금제의 경우, 실제로 포괄임금에 산정된 연장근로시간을 초과하여 근로하게 될 경우, 차액의 수당을 지급해야 합니다.

---

(2) 근로자 명부 작성방법

<table>
<tr><td colspan="5" style="text-align:center">근로자 명부</td></tr>
<tr><td>① 성 명</td><td></td><td colspan="2">② 생년월일</td><td></td></tr>
<tr><td>③ 주 소</td><td colspan="4">(전화 :   )</td></tr>
<tr><td>④ 부양가족</td><td>명</td><td colspan="3">⑤ 종 사 업 무</td></tr>
<tr><td rowspan="4">이
력
사
항</td><td>⑥ 기능 및 자격</td><td></td><td rowspan="4">퇴</td><td>⑩ 해고일 ... 년 월 일</td></tr>
<tr><td>⑦ 최종 학력</td><td></td><td>⑪ 퇴직일 ... 년 월 일</td></tr>
<tr><td>⑧ 경 력</td><td></td><td>⑫ 사 유</td></tr>
<tr><td>⑨ 병 역</td><td></td><td>직 ⑬ 금품청산 등</td></tr>
<tr><td colspan="3">⑭ 고용일(계약기간) 년 월 일 ( )</td><td colspan="2">⑮ 근로계약갱신일 년 월 일</td></tr>
<tr><td rowspan="1" colspan="1"><16>

근
로
계
약
조
건</td><td colspan="4">1. 근무장소 및 업무내용

  근무장소 :
  업무내용 :

2. 임금
  기본급 :   제수당 :
  야간근로수당 :   기타제수당 :

3. 근무일 및 근무시간
  (휴게시간: 주간-2시간, 야간-2시간)

4. 휴일 및 휴가
  휴가 : 근로기준법에 따름</td></tr>
<tr><td colspan="5"><17>특기사항(교육, 건강, 휴직 등)

없음.</td></tr>
</table>

※ 근로자 명부는 특별히 규정된 양식이 있는 것은 아니며, 단지 상기 포함할 사항을 포함하여 작성하되 사진을 첨부하는 등 사업장의 여건에 맞게 작성하여 사용하시면 됩니다.

15. 상시근로자

(1) 상시근로자란

상시근로자란 근로계약이 형식상 일정기간 계속되어야 하는 것은 아니며, 상시 사용되고 있는 것이 객관적으로 판단될 수 있는 상태의 근로자를 의미합니다.

(2) 상시근로자 판단기준

1) 상시근로자 수

근로기준법 시행령 제7조의 2에 의거 법적용 사유발생일 전 1개월 동안 사용한 근로자의 연인원을 같은 기간 중의 가동일 수로 나누어 계산하게 됩니다.

$$상시근로자 수 = \frac{사유발생일 \ 전 \ 1개월 \ 내에 \ 사용한 \ 근로자의 \ 연인원 \ 수}{사유 \ 발생일 \ 전 \ 1개월 \ 내의 \ 사업장 \ 가동일수}$$

2) 사유발생일

근로기준법 적용사유가 발생한 날을 의미합니다.

3) 연인원 판단

연인원은 기간 내에 사용한 근로자 수의 합을 의미합니다.

4) 가용일수

가용일수는 그 사업장 내에서 사람이나 기계가 실제로 일을 한 날이 며칠인가를 의미합니다.

(3) 상시근로자 수 계산방법

1) 사유발생일 전 1개월 내 가동일수: (00일)

2) 연인원(즉 1개월 내 사용한 근로자 수): (00명)

3) 5인 미만 사업장에 해당되지 여부 판단(계산방법)

일	월	화	수	목	금	토
	1(2명)	2(5명)	3(2명)	4(5명)	5(2명)	6(휴무)
7(휴무)	8(5명)	9(5명)	10(6명)	11(2명)	12(3명)	13(휴무)
14(휴무)	15(6명)	16(3명)	17(2명)	18(3명)	18(4명)	20(휴무)
21(휴무)	22(3명)	23(5명)	24(2명)	25(5명)	26(8명)	27(휴무)
28(휴무)	29(5명)	30(2명)	31(5명)			

※ 5인 미만 사업장에 사업주를 제외한 인원으로 근로자수를 판단합니다.

① 사유발생일 전 1개월 내 가동일수: 23일

② 연인원(1개월 내 사용한 근로자 수): 90명

③ 상시근로자 수: 90/23=3.91명

(4) 상시근로자 산정의 예외

1) 상시 근로자 수를 산정한 결과 5인 미만이 나왔는데, 전체 가동 일수 중에서 5인 미만 가동 일수가 2분의 1 미만인 경우 5인 이상 사업장 으로 인정을 받습니다.

① 사유발생일 전 1개월 내 가동일수: 23일

② 연인원(1개월 내 사용한 근로자 수): 112명

③ 상시 근로자 수: 112/23 = 4.86명(5인 미만)

④ 가동 일수 23일중 5인 미만이 10일(2분의 1 미만)라고 가정하면

※ 5인 이상 사업장으로 간주됩니다.

2) 상시 근로자 수를 산정한 결과 5명 이상으로 나왔는데, 전체 가동일
수 중에서 5인 미만 가동 일수가 2분의 1 이상인 경우에는 5인 미만
사업장으로 인정을 받게 됩니다.

　① 사유발생일 전 1개월 내 가동일수: 23일

　② 연인원(1개월 내 사용한 근로자 수): 127명

　③ 상시 근로자 수: 127/23 = 5.52명(5인 이상)

　④ 가동 일수 23일중 5인 미만이 14일(2분의 1 이상)라고 가정하면

　　※ 5인 미만 사업장으로 간주됩니다.

(5) 상시근로자에 포함되는 근로자

1) 기간제 근로자, 단시간 근로자, 임시직, 일용직, 알바 등 모든 근로자
가 상시근로자 수 산정에 포함이 됩니다.

2) 동거하는 친족만을 사용하는 사업장은 근로기준법 적용 제외 대상이
지만 상황에 따라 동거의 친족이 아닌 일반 근로자가 1명이라도 포함
되어 있다면 상시근로자 산정 시 친족을 포함하여 산정됩니다.

(6) 상시근로자 수에 따른 노동관계 법령 적용

1) 5인 미만 사업장 적용

　① 근로계약서 작성 및 교부

　② 임금대장 및 임급지급명세서

　③ 근로자 명부 작성

　④ 퇴직금 지급

　⑤ 4대 보험적용

　⑥ 해고예고수당

　⑦ 주휴수당 지급

⑧ 휴게시간 적용

⑨ 출산(전후)휴가 및 육아휴직

⑩ 법정의무교육(직장내 괴롭힘방지, 성희롱예방, 장애인인식개선, 개인정
   보보호법교육 등)

2) 5인 이상 사업장 적용

① 해고제한, 해고 서면통지

② 부당해고 구제신청

③ 법정근로시간 준수

④ 연장, 야간, 휴일근로수당 지급

⑤ 휴업수당

⑥ 연차휴가제도 적용

⑦ 관공서 공휴일의 법정휴일 적용(2022.01.01.)

⑧ 연차 대체불가

⑨ 보건휴가 적용

⑩ 기간제 근로자의 기간제한

⑪ 산업안전보건교육

3) 10인 이상 사업장 적용

① 취업규칙 작성 및 고용노동부 신고

② 취업규칙 변경 시 고용노동부 신고

4) 30인 이상 사업장 적용

① 노사협의회 설치 운영

② 고충처리제도 운영

5) 50인 이상 사업장 적용

① 산업안전보건 위원회 설치

② 안전관리자, 보건관리자, 산업보건의, 안전보건 총괄 책임자 선임

③ 장애인 고용의무

질의내용	답변내용
사장도 근로자에 포함되는지 여부	사업주(대표)는 근로자가 아님
사업주의 아들도 근로자에 포함되는지 여부	△ 임금을 받으면 근로자에 포함 △ 임금을 받지 않으면 공동사업주로 간주됨
불법체류 외국인의 경우 근로자에 포함되는지 여부	근로자에 포함됨
주말알바의 경우 근로자에 포함되는지 여부	근로자에 포함됨

16. 노사협의회(근로자 참여 및 협력 증진에 관한 법률 제4조)

1980년 12월 31일 제정된 노사협의회법에서 근로조건의 결정권이 있는 사업 또는 사업장 단위로 설치하도록 규정하였습니다(4조 1항). 노사협의회법이 1996년 '근로자 참여 및 협력증진에 관한 법률'로 개정됨에 따라 이 법에 근거를 둡니다. 하나의 사업에 지역을 달리하는 사업장이 있을 경우 그 사업장에도 설치할 수 있습니다(4조 2항). 상시 근로자 30인 미만의 사업장에는 두지 않아도 됩니다(시행령 2조 1항).

(1) 노사협의회 구성

1) 설치기준: 근로자 30인 이상의 사업장에는 의무적으로 설치해야 합니다.

2) 구성: 노사 같은 수의 위원(각 3명 이상 10명 이하)

3) 회의: 분기별 회의 개최(필수)

4) 안건: 근로자 참여 및 협력 증진에 관한 법률 제20~22조에 따른 협의사항, 의결사항, 보고사항 등

5) 회의록: 노사협의회 회의록 작성 및 비치하고, 3년간 보존

6) 노사협의회 운영규정: 협의회를 설치한 날부터 15일 이내에 규정을 제정하고 고용노동부에 신고

제6조(협의회의 구성) ① 협의회는 근로자와 사용자를 대표하는 같은 수의 위원으로 구성하되, 각 3명 이상 10명 이하로 한다.

② 근로자를 대표하는 위원(이하 "근로자위원"이라 한다)은 근로자가 선출하되, 근로자의 과반수로 조직된 노동조합이 있는 경우에는 노동조합의 대표자와 그 노동조합이 위촉하는 자로 한다.

③ 사용자를 대표하는 위원(이하 "사용자위원"이라 한다)은 해당 사업이나 사업장의 대표자와 그 대표자가 위촉하는 자로 한다.

④ 근로자위원이나 사용자위원의 선출과 위촉에 필요한 사항은 대통령령으로 정한다.

(2) 노사협의회 운영

1) 회의는 3개월마다 1회씩 정기 개최하되, 필요시 임시회의 소집이 가능합니다.

2) 회의 시간은 근무시간에 포함되며 회의의 안건은 사전에 배포하여 충분히 검토할 시간을 가져야 하고 의장은 최소 7일 전 회의일시, 장소, 의제를 각 위원에게 통보하여야 합니다. 회의를 진행하고 작성한 기록은 2년간 보존하여야 합니다.

(3) 노사협의회 규정

1) 협의회의 구성

2) 근로자 위원 선출

3) 협의회 운영

4) 협의회 임무

5) 고충처리 등의 내용을 포함하여 규정을 작성하시면 됩니다.

제18조(협의회규정) ① 협의회는 그 조직과 운영에 관한 규정(이하 "협의회규정"이라 한다)을 제정하고 협의회를 설치한 날부터 15일 이내에 고용노동부장관에게 제출하여야 한다. 이를 변경한 경우에도 또한 같다.〈개정 2010. 6. 4.〉

② 협의회규정의 규정 사항과 그 제정·변경 절차 등에 관하여 필요한 사항은 대통령령으로 정한다.

※ 근로자 참여 및 협력증진에 관한 법률 제19조(회의록 비치)

① 협의회는 다음 각 호의 사항을 기록한 회의록을 작성하여 갖추어 두어야 한다.

  1. 개최 일시 및 장소
  2. 출석 위원
  3. 협의 내용 및 의결된 사항
  4. 그밖에 토의사항

② 제1항에 따른 회의록은 작성한 날부터 3년간 보존하여야 한다.

(4) 노사협의회 신고

1) 노사협의회 규정신고서

노사협의회규정		☐ 제 정 신고서 ☐ 변 경		처리기간	
				즉 시	
신 고 인	성 명		주 민 등 록 번 호		
	주 소		전 화 번 호		
사 업 체	사 업 장 명		전 화 번 호		
	노동조합명칭		노동조합대표자성명		
	근 로 자 수	명 (남: 명, 여: 명)	조 합 원 수	명 (남: 명, 여: 명)	
노 사 협 의 회	설치사유발생일		설 치 일 자	년 월 일	
	설 치 사 유		위 원 수	근로자위원 명 사용자위원 명	
	정기회의일자				
노사협의회규정 제정일자		년 월 일	노사협의회규정 변경일자	년 월 일	

　　　근로자참여 및 협력증진에 관한 법률 시행규칙 제3조제1항의

규정에 의하여 노사협의회규정을 ☐ 제 정　하였음을 신고합니다.
　　　　　　　　　　　　　　　　　☐ 변 경

　　　　　　　　　년　　　　　월　　　　　일
　　　　　　　　　　　신고인　　　　　(서명 또는 인)

00지방노동청(사무소)장 귀하

구비서류	수 수 료
1. 노사협의회 규정 1부.	없 음
2. 변경된 노사협의회규정 1부(노사협의회규정을 변경한 경우에 한 　한다) 　※ 이 용지는 무료로 배부하여 드립니다.	

2) 노사협의회 운영규정

(주)인사노무행정 노사협의회 운영규정 (예시)

제정 2000. ○. ○
개정 2001. ○. ○
개정 2002. ○. ○

제 1 장 총 칙

제 1 조 (목적)
본 규정은 근로자와 사용자 쌍방이 이해와 협조를 통하여 노사 공동의 이익을 증진함으로써 ○○기업의 발전과 근로자복지증진에 기여함을 목적으로 한다.

제 2 조 (명칭 및 소개)
노사협의회(이하 "협의회"라 한다)는 본사 및 각 사업장에 설치하고 명칭은 다음과 같이 정한다.

설치장소	본사	안양	구미	군포
명칭	전사협의회	안양공장 협의회	구미공장 협의회	군포공장 협의회

제 3 조 (신의성실의 의무)
근로자와 사용자는 상호신뢰를 바탕으로 성실하게 협의에 임하여야 한다.

제 4 조 (노동조합과의 관계)
노동조합의 단체교섭 및 기타 모든 활동은 이 규정에 의하여 영향을 받지 않는다.

제 5 조 (사용자의 의무)

① 사용자는 근로자의원의 선출에 개입하거나 방해해서는 안 된다.

② 사용자는 근로자위원의 업무를 위하여 장소제공 등 기본적인 편의를 제공한다.

제 2 장 협의회의 구성

제 6 조 (협의회의 구성)

① 협의회는 근로자와 사용자를 대표하는 각 ○인의 위원으로 구성한다.

※ 노사협의회 의원은 노사동수로 구성하되 노사 각 3인 이상 10인 이내로 구성 (근로자 참여 및 협력증진에 관한 법률 제6조 제1항)

② 근로자를 대표하는 위원(이하 "근로자위원"이라 한다)은 근로자가 선출한다.

③ 사용자를 대표하는 위원(이하 "사용자위원"이라 한다)은 다음과 같다.

가. 대표이사   나. 공장장   다. 관리담당중역

라. 인사노무부서 부서장   마. 기타 대표이사가 위촉하는 임직원

제 7 조 (의장)

① 협의회의 의장은 위원중에서 호선한다. 이 경우 근로자위원과 사용자 위원 중 각 1인을 공동의장으로 한다.

② 의장은 협의회를 대표하며 회의업무를 총괄한다.

③ 의장의 임기는 1년으로 한다.

제 8 조 (간사)

① 노사 쌍방은 회의의 기록 등 사무를 담당하는 간사 1인을 각각 둔다.

② 간사는 근로자위원 및 사용자위원 중에서 각각 호선하여 선출된 자로 한다.

제 9 조 (위원의 임기)
① 위원의 임기는 3년으로 하되 연임할 수 있다.
② 보궐위원의 임기는 전임자의 잔임기간으로 한다.
③ 위원은 그 임기가 만료된 경우라도 그 후임자가 선출될 때까지 계속 그 직무를 담당한다.

제 10 조(위원의 신분)
① 위원은 비상임·무보수로 한다.
② 위원의 협의회 출석시간 및 이와 직접 관련된 시간으로서 협의회 규정에서 정한 시간에 대하여는 근로한 것으로 본다.

제 11 조(실무소위원회)
① 협의회는 상정된 안건의 사전심의를 위하여 실무소위원회를 구성할 수 있다.
② 실무소위원회는 노사위원 각각 2인으로 구성한다.
③ 노사일방의 협의회대표는 실무소위원회의 개최가 필요하다고 인정되는 경우 상대방에게 7일전까지 이를 통보하여야 한다. 다만, 긴급하거나 신속한 결정이 요구되는 경우는 예외로 한다.

제 3 장 근로자위원 선출

제 12 조 (선거관리위원회 구성)
① 근로자위원 선출에 관한 선거관리위원회(이하 "선관위"라 한다) ○인 이내의 원원으로 구성한다.
② 선관위는 선거공고일부터 14일전에 구성한다.

제 13 조 (선거관리위원회 임무)

선관위의 임무는 다음 각 호와 같다.

1. 선거 및 일정공고
2. 투표 및 입후보자 등록 등에 관한 사항
3. 당선자 결정에 관한 사항
4. 기타 선거와 관련된 사항

제 14 조 (선거관리위원 선출)

선거관리위원은 선거관리에 참여를 희망하는 근로자 중에서 추첨에 의하여 결정한다.

제 15 조 (선거일)

근로자위원 선거는 근로자위원 임기 만료일 15일 이전에 실시한다.

제 16 조 (후보 등록)

① 근로자 위원에 입후보하고자 하는 자는 당해 사업장의 근로자 10인 이상의 추천(복수추천 가능)을 받아 선관위에 등록하여야 한다.
② 선거관리위원은 공정한 투표관리를 위하여 근로자위원에 입후보할 수 없다.

제 17 조 (근로자위원 선출)

① 근로자위원에 입후보하고자 하는 자는 당해 사업장의 근로자 10인 이상의 추천(복수추천 가능)을 받아 선관위에 등록하여야 한다.
② 근로자위원은 부서별 인원비례에 따라 배정된 인원을 선출하되 당선자는 투표결과 다수득표자 순으로 한다.
③ 득표자수가 같을 때에는 장기근속자, 연장자 순으로 당선자를 결정한다.

제 18 조 (보궐선거)

① 근로자 위원에 결원이 생긴 때에는 결원이 발생한 날부터 30일 이내에 보궐선거를 실시한다.

② 제1항에 불구하고 제17조에 의한 근로자위원으로 선출되지 못한 자중 다수득표자순에 의한 차점자 명부를 작성·보관하고 근로자위원의 결원을 보궐선거 없이 명부상 서열에 따라 충원할 수 있다.

제 4 장 협의회의 운영

제 19 조 (협의회 회의)

① 협의회의 정기회의는 매분기 말월 첫째 주에 개최한다.

② 협의회는 노사대표가 안건을 제기하는 경우 임시회의를 개최할 수 있다.

③ 협의회의 회기는 협의회 개최공고 시 정하여 공고한다.

제 20 조 (회의소집)

① 협의회의 회의는 의장이 소집한다.

② 의장은 노사일방의 대표자가 회의의 목적 등을 문서로 명시하여 회의의 소집을 요구할 때에는 이에 응하여야 한다.

③ 의장은 회의 개최 7일전에 회의일시, 장소, 의제 등을 각 위원에게 통보하여야 한다.

④ 근로자위원은 제3항의 규정에 따라 통보된 의제 중 제25조 제1항의 협의사항 및 제26조의 의결사항과 관련된 자료를 협의회 개최 전에 사용자에게 요구할 수 있으며 사용자는 이에 성실히 응하여야 한다. 다만, 그 요구자료가 기업의 경영·영업상의 비밀 또는 개인 정보에 해당하는 경우에는 그러하지 아니하다.

제 21 조 (정족수)

　회의는 근로자위원과 사용자위원의 각 과반수의 출석으로 개최하고 출석위원 3분의 2 이상의 찬성으로 의결한다.

제 22 조 (회의의 공개)

　협의회 회의는 공개한다. 다만, 출석위원 과반수의 의결이 있는 경우 비공개 할 수 있다.

제 23 조 (비밀유지)

　① 협의회의 위원은 협의회에서 지득한 비밀을 누설하여서는 아니된다. 다만, 비밀의 범위는 매 회의에서 정한다.
　② 협의회위원이 비밀을 누설한 경우에는 징계위원회에 회부한다.

제 24 조 (회의록 비치)

　① 회의록은 노사쌍방의 간사 중 1인이 작성하여 각 1부씩 보관한다.
　② 협의회는 다음 각호의 사항을 기록한 회의록을 작성·비치한다.
　　가. 개최일시 및 장소　　　　나. 출석위원
　　다. 협의내용 및 의결사항　　라. 기타 토의사항
　③ 회의록에는 출석위원 전원이 서명하거나 날인하여야 한다.
　④ 회의록은 작성일부터 3년간 보존한다.

제 5 장 협의회의 임무

제 25 조 (협의사항)

　① 협의회는 다음 각호의 1에 해당하는 사항을 협의한다.
　　1. 생산성 향성과 성과배분
　　2. 근로자의 채용·배치 및 교육훈련
　　3. 노동쟁의 예방〈삭제〉

4. 근로자의 고층처리

5. 안전·보건 기타 작업환경 개선과 근로자의 건강증진

6. 인사·노무 관리의 제도개선

7. 경영상 또는 기술상의 사정으로 인한 인력의 배치전환·재훈련·해고 등 고용조정의 일반원칙

8. 작업 및 휴게시간의 운용

9. 임금의 지불방법·체계·구조 등의 제도개선

10. 신기계·기술의 도입 또는 작업공정의 개선

11. 작업수칙의 제정 또는 개정

12. 종업원 지주제 기타 근로자의 재산형성에 관한 지원

13. 근로자의 복지증진

14. 사업장 내 근로자 감시설비의 설치〈신설〉

15. 여성근로자의 모성보호 및 일과 가정생활의 양립을 지원하기 위한 사항

16. 기타 노사협조에 관한 사항

② 협의회는 제1항의 각호의 사항에 대하여 의결할 수 있다.

제 26 조 (의결사항)

회사는 다음 각호의 1에 해당하는 사항에 대해서는 협의회의 의결을 거쳐야 한다.

1. 근로자의 교육훈련 및 능력개발 기본 계획의 수립

2. 복지시설의 설치와 관리

3. 사내근로복지기금의 설치

4. 고충처리위원회에서 의결되지 아니한 사항

5. 각종 노사공동위원회의 설치

제 27 조 (보고사항)

① 사업주는 정기회의에 다음 각호의 1에 해당하는 사항에 관하여 성실하게 보고, 설명하여야 한다.

1. 경영계획 전반 및 실적에 관한 사항
2. 분기별 생산계획 및 실적에 관한 사항
3. 인력계획에 관한 사항
4. 사업의 경제적·재정적 상황
5. 기업의 경영과 관련된 사항

② 근로자위원은 제1항의 규정에 의한 보고·설명을 이행하지 아니하는 경우에는 제1항의 각호에 관한 자료의제출을 요구할 수 있으며, 사업주는 이에 성실히 응해야 한다.

③ 근로자위원은 근로자의 요구사항을 보고·설명할 수 있다.

제 28 조 (의결사항 등의 공지)

① 의장은 협의회에서 의결된 사항을 10일 이내에 공고하여야 한다.

② 협의회는 협의회 운영에 관한 사항을 간행물, 전용게시판 등의 방법으로 안내하여야 한다.

제 29 조 (의결사항의 이행)

근로자와 사용자는 협의회에서 의결된 사항을 성실하게 이행하고 그 결과를 상호 신속히 통보하여야 한다.

제 30 조 (임의중재)

① 협의회는 노사대표 각 ○인으로 중재위원회를 구성할 수 있다.

② 중재위원회는 다음 각호의 사항에 대하여 중재한다.

1. 제26조에 규정된 사항에 관하여 협의회가 의결하지 못한 경우
2. 협의회에서 의결된 사항의 해석 또는 이행방법 등에 관하여 의견이 불일치가 있는 경우
3. 기타 중재가 필요한 경우

③ 제2항의 규정에도 중재가 성립하지 않을 경우에는 노동위원회에 중재 신청을 할 수 있다.

④ 제2항 및 제3항의 규정에 의한 중재결정이 있는 때에는 협의회의 의결을 거친 것으로 보며 근로자와 사용자는 이에 따라야 한다.

제 6 장 고충 처리

제 31 조 (고충처리위원회)
① 근로자의 고충을 청취하고 이를 처리하기 위하여 고충처리위원회를 설치 운영한다.
② 고충처리위원회는 사업장 단위를 설치한다.

제 32 조 (고충처리위원회의 구성)
① 고충처리위원은 협의회위원 중에서 호선하여 노사 각 1인의 위원으로 구성한다.
   ※ 고충처리위원은 노사를 대표하는 3인 이내의 위원으로 구성 (근참법 제26조)
② 고충처리위원의 임기는 3년으로 한다.
③ 사원 고충사항을 효과적으로 처리하기 위해 상담원과 사외 상담원을 둘 수 있다. 이때 사회상담원은 법률, 병무, 건강, 인생, 결혼 등 분야별 학식과 덕망이 있는 인사를 선정하여 위촉할 수 있다.

제 33 조 (고충의 처리)
① 근로자는 고충처리위원에게 구두 또는 서명으로 상담을 신청한다.
② 상담신청을 접수한 고충처리위원은 당해 근로자의 고충을 성실히 청취한 후 접수일로부터 10일 이내에 처리 결과를 해당 사원에게 서면으로 통보하여야 한다. 다만 사외 상담원의 상담을 요할 시에는 상담일정을 별도로 지정하여 상담을 실시할 수 있다.
③ 고충처리위원이 처리하기 곤란한 사항에 대해서는 협의회에 부의하여 협의 처리한다.

제 34 조 (상담실운영)

근로자의 고충을 처리하기 위하여 총무부 및 노동조합 사무실에 고충처리 상담실을 설치·운영한다.

제 7 장 보칙

제 36 조 (대표위원의 권한위임)

노사 쌍방의 대표위원은 필요시 그 원한을 타위원에게 위임할 수 있다.

제 37 조 (신고의무사항)

협의회와 관련하여 노동부에 신고하여야 할 제반 사항은 사용자측에게 한다.

제 38 조 (운영세칙)

협의회는 협의회운영 등과 관련된 사항에 대하여 운영세칙을 작성할 수 있다.

제 39 조 (규정 외의 사항)

이 규정에 명시되지 않은 사항에 대해서는 법령 및 통상관례에 따른다.

부   칙

이 규정은 2004.   .   .부터 시행한다.

3) 관할 지방노동청에 신고

제18조(협의회규정) ① 협의회는 그 조직과 운영에 관한 규정(이하 "협의회규정"이라 한다.)을 제정하고 협의회를 설치한 날부터 15일 이내에 고용노동부장관에게 제출하여야 한다. 이를 변경한 경우에도 또한 같다.

② 협의회 규정의 규정 사항과 그 제정·변경 절차 등에 관하여 필요한 사항은 대통령령으로 정한다.

---

(5) 노사협의회 회의 진행

1) 노사협의회 개최 전

① 노사협의회 회의 개최공고 및 위원에게 일정 통보

② 개최공고에는 노사협의회 주요안건 포함

2) 노사협의회 회의

① 회의진행 및 간사에 의한 회의내용 기록

② 위원들의 찬반투표

3) 노사협의회 의회 종료

① 위원들의 서명

② 회의내용 공고

제12조(회의) ① 협의회는 3개월마다 정기적으로 회의를 개최하여야 한다.

② 협의회는 필요에 따라 임시회의를 개최할 수 있다.

---

(6) 과태료 규정

2018년 4월17일자로 이러한 노사협의회 규정을 지연 제출하는 경우 지연 제출 기간에 따라 과태료를 부과함으로써 노사협의회를 좀 더 체계적으로 운영할 수 있도록 제재에 대한 세부 규정이 마련되었습니다.

근로자 참여 및 협력증진에 관한 법률 제15조(정족수) 회의는 근로자위원과 사용자위원 각 과반수의 출석으로 개최하고 출석위원 3분의 2 이상의 찬성으로 의결한다.

17. 임금계산

(1) 기본급 계산

1) 209시간제를 채택한 사업장

> 시급 × 209 = 기본급
>
> 9,720 × 209 = 2,031,480원

※주로 토요일을 무급휴일로, 일요일을 주휴일로 하는 경우가 많습니다.

2) 243시간제를 채택한 사업장

> 시급 × 243 = 기본급
>
> 9,720 × 243 = 2,361,960원

※이 경우는 토요일을 유급휴일로, 일요일을 주휴일로 하는 경우입니다.

3) 단기간 근무자에 대한 기본급 계산법

> 근무일이 월간 17일(주휴일 포함)이라고 가정할 때
>
> 기본급은 17 × 8 × 9,720 = 1,321,920원

4) 근무일수로 계산하는 사업장

① 근무일수 계산방법

일요일을 주휴일로, 토요일을 무급휴일로 할 경우 매월 1일부터 말일까지 중 토요일을 제외한 일수를 가지고 계산합니다.

이 경우 2월을 제외하고는 대부분 근무일수가 26 또는 27일

입니다.

② 계산방법(26일 경우)

> 시급×26일×8시간=기본급
> 26×8=208시간×9,720=2,021,760원

(2) 초과근로에 대한 수당계산방법

1) 초과근로시간

① 1일 8시간을 기준으로 초과되는 근로시간

※ 소정근로시간이 1일 7시간 주35시간의 근로계약을 맺었다고 가정할 때 7시간을 초과하였으나 1시간의 초과근로가 발생하였다고 한다면 법정근로시간 8시간 이내로 별도의 초과근로수당을 지급하지 않아도 됩니다.

② 무급휴일(토요일)에 근무한 근무시간은 초과근로에 해당됩니다.

2) 초과근로시간에 대한 수당 계산방법

> 예) 평일 초과근로시간이 월 24시간이고
>   무급휴일(토요일) 근로시간이 16시간일 경우
> ① 평일초과근로수당: 9,720×24×1.5=349,920원
> ② 무급휴일(토요일): 9,720×16×1.5=233,280원
> 계: 583,200원

(3) 야간수당 계산방법

1) 야간근로시간: 22:00~익일 06:00시까지를 야간근로시간으로 봅니다.

2) 수당계산방법

예) 평일 야간근로시간이 월 56시간이라고 가정할 경우
① 야간근로수당: 9,720×56×0.5=272,160원
※ 야간근로에 대한 가상수당을 150%로 생각하는 분들이 가끔씩 있습니다. 기본급이 별도로 책정된 경우는 50%를 가산수당으로 지급하고, 별도의 기본급이 책정되지 않았을 경우는 150%를 지급하는 것이 맞습니다.

(4) 휴일 및 공휴일 근무에 대한 계산방법

1) 휴일주간근로에 대한 가산수당 계산방법은 평일 잔업과 동일하게 하시면 됩니다.

2) 휴일야간근로 가산수당 계산방법

예) 휴일야간 초과근로시간이 월 16시간이라고 가정할 경우
① 휴일야간수당: 9,720×16×2=311,040원

3) 휴일초과근로에 대한 가산수당 계산방법

① 휴일주간근로를 하루 12시간을 했다고 가정하면, 8시간은 150%로 가산하여야 하고, 4시간에 대해서 200%로 가산하여야 합니다.
② 휴일야간근로를 하루 12시간을 했다고 가정하면, 8시간은 200%로 가산하여야 하고, 4시간에 대해서 250%로 가산하여야 합니다.

※ 주휴수당

1. 일요일이 주휴일인 사업장에서 소정근로(월~금)를 마치고, 그 다음 주 월요일에 퇴직한 경우(월~일요일까지 7일간 근로관계 유지)
   → 주휴수당 지급(행정해석 변경)
2. 1주간 근로관계가 존속되고 그 기간 동안의 소정근로일에 개근하였다면 1주를 초과한 날(8일째)의 근로가 예정되어 있지 않더라도 주휴수당 발생

---

18. 주휴 및 주휴수당

(1) 주휴일

「근로기준법」제55조에 의해 평균 1주 1회 이상 근로자에게 주는 유급휴일을 주휴일이라고 말합니다.

※ 주휴일은 반드시 일요일이어야 한다는 규정은 없습니다. 따라서 사업장의 편의에 따라 주휴일을 선정할 수 있습니다.

가령, 토요일, 일요일에 중점적인 업무를 하는 사업장이라면 주 시작일을 토요일부터로 하고, 금요일을 주휴일로 해도 무방하다는 말입니다.

(2) 주휴수당 지급조건

1) 상시근로자, 단시간 근로자에 관계없이 주 15시간 이상의 근로를 제공하면 주휴가 발생됩니다.(주 15시간이라는 것은 휴게시간을 제외한 실근로시간을 말합니다.)

2) 근로계약서상 또는 상호간 약정된 근로일을 개근해야 지급합니다.

3) 주휴수당은 주휴일에 1일치의 임금을 산정하여 지급하여야 합니다.

4) 상기 2)항의 약정된 근로일을 개근했다면 다음주 근로의 연계와 상관없이 주휴수당을 받을 수 있습니다. 월요일 퇴사 시 지급 가능합니다. 다만, 주휴일전에 퇴사를 한다면 지급하지 않아도 됩니다.

5) 일용근로자도 소정의 근로조건을 충족했다고 한다면 주휴수당을 지

급해야 합니다.

(3) 주휴시간 및 수당 계산방법

1) 1일 5시간 주4일을 근무했다고 하더라도 주휴는 주5일을 기준으로 산출하여야 합니다.

2) 5×4=20시간, 20/5=4, 주휴는 4시간입니다. 따라서 수당으로 계산하면 4×시급(9,720원)=38,880원(주휴수당)

19. 연소자 및 여성의 근로제한

(1) 연소자의 근로

1) 취업과 관련한 연소자는 만 15세 이상~만 18세 미만을 말하며. 이 연령대의 청소년이 취업을 하려면 친권자(주로 부모님)나 후견인(법원에서 정한 사람)의 동의를 얻어 근로를 할 수 있습니다.

2) 15세 미만이거나 18세 미만인 중학생은 근로자로 사용할 수 없습니다.

3) 친권자나 후견인이 있다고 하더라도 근로계약서는 근로자 당사자와 작성되어야 합니다. 또한 임금도 근로당사자에게 지급되어야 합니다.

(2) 연소자 및 여성의 근로제한(근로기준법 제70조)

1) 18세 이상의 여성을 오후 10시부터 익일 오전 6시까지의 시간 및 휴일에 근로를 시키려면 그 근로자의 동의를 받아야 합니다.

2) 임산부는 오후 10시부터 익일 오전 6시까지의 시간 및 휴일에 근로를 시켜서는 안 됩니다. 다만, 아래의 각 어느 하나라도 해당되는 경우로 고용노동부장관의 인가를 받으면 가능합니다.
   ① 18세 미만자의 동의가 있는 경우
   ② 산후 1년이 지나지 아니한 여성의 동의가 있는 경우
   ③ 임신 중인 여성이 명시적으로 청구하는 경우

(3) 연소자 및 여성 관련 고용노동부장관 인가신청 준비사항

인가 요건	18세 미만자	산후 1년 이내 근로자	임신 중인 근로자
1) 당사자의 동의 청구	당사자의 동의서	당사자의 동의서	당사자의 청구서
2) 근로자대표와의 합의	합의 결과에 대한 기록 사본		
3) 인가신청서	근로기준법 시행규칙 별지 11호 서식		

※ 근로기준법 참조

제70조(야간근로와 휴일근로의 제한) ① 사용자는 18세 이상의 여성을 오후 10시부터 오전 6시까지의 시간 및 휴일에 근로시키려면 그 근로자의 동의를 받아야 한다.

② 사용자는 임산부와 18세 미만자를 오후 10시부터 오전 6시까지의 시간 및 휴일에 근로시키지 못한다. 다만, 다음 각 호의 어느 하나에 해당하는 경우로서 고용노동부장관의 인가를 받으면 그러하지 아니하다.

　1. 18세 미만자의 동의가 있는 경우

　2. 산후 1년이 지나지 아니한 여성의 동의가 있는 경우

　3. 임신 중의 여성이 명시적으로 청구하는 경우

③ 사용자는 제2항의 경우 고용노동부장관의 인가를 받기 전에 근로자의 건강 및 모성 보호를 위하여 그 시행 여부와 방법 등에 관하여 그 사업 또는 사업장의 근로자대표와 성실하게 협의하여야 한다.

15세 미만인 자의 취직인허증 [ ] 교부 [ ] 재교부 신청서

※ [ ]에는 해당되는 곳에 "✔" 표시를 합니다.
※ 뒤쪽의 작성방법을 읽고 작성하여 주시기 바랍니다.
(앞쪽)

접수번호	접수일	처리기간: 3일

15세 미만인 자	성명	주민등록번호
	주소	

사용자 (사용자가 될 자)	사업장명	사업의 종류
	대표자 성명	주민등록번호
	소재지	
		(전화번호 :)
	15세 미만인 자의 종사업무	임금
	근로시간	사용기간

학교장	학교명	
	소재지	
		(전화번호 :)
	수업시간	
	의견	

친권자 또는 후견인	성명	주민등록번호
	주소	
		(전화번호 :)
	15세 미만인 자와의 관계	동의여부

「근로기준법」 제64조제1항과 같은 법 시행령 제35조·제39조 및 같은 법 시행규칙 제11조제1항·제2항에 따라 위와 같이 15세 미만인 자의 취직인허증의 { [ ] 교부, [ ] 재교부} 를 신청합니다.

년   월   일

사용자(사용자가 될 자)   (서명 또는 인)

15세 미만인 자   (서명 또는 인)

○○지방고용노동청(지청)장   귀하

첨부서류	취직인허증을 못쓰게 되거나 잃어버리게 된 사유서(재교부를 신청하는 경우에만 첨부)	수수료 없음

210mm×297mm(백상지 80g/㎡)

■ 근로기준법 시행규칙 [별지 제11호서식] <개정 2012.2.9>

[ ]임산부
[ ]18세미만인 자   의 [ ]야간 근로 인가 신청서
[ ]휴일

※ [ ]에는 해당되는 곳에 ✔ 표시를 합니다.

접수번호		접수일	처리기간 3일

신청인	사업장명		사업의 종류
	대표자 성명		생년월일
	소재지		
	(전화번호 :)		

신청내용	신청이유		
	사유발생일		종사업무
	인가기간		근로형태
	인가대상 근로자수	야간근로	명 (남 명, 여 명)
		휴일근로	명 (남 명, 여 명)

「근로기준법」제70조제2항 단서와 같은 법 시행규칙 제12조제1항에 따라 위와 같이 [[   ]임산부, [   ] 18세 미만인 자]의 [[   ]야간, [   ] 휴일]근로에 대한 인가를 신청합니다.

년   월   일

신청인   (서명 또는 인)

대리인   (서명 또는 인)

○○지방고용노동청(지청)장 귀하

첨부서류	1. 해당 근로자의 동의서나 청구서 사본 2. 법 제70조 제3항에 따른 근로자 대표와의 협의 결과 사본	수수료 없음

처 리 절 차

신청서 제출	→	접 수	→	내용검토	→	결 재	→	통 보
신청인		지방고용노동청(지청)장 (민원실)		지방고용노동청(지청)장 (근로개선지도과)		지방고용노동청(지청)장 (청장 · 지청장)		

210mm×297mm[일반용지 70g/㎡(재활용품)]

113

여성근로자 야간 및 휴일 근로 동의서

1. 사용자는 근로기준법 제70조 제1항에 따라 18세 이상의 여성근로자를 오후 10시부터 오전 6시까지의 사이 및 휴일에 근로시키고자 하는 경우에는 당해 근로자의 동의를 얻어야 하는 바, 당사는 아래와 같이 당해 여성근로자의 동의를 구합니다.

2. 당사 근로자 중 야간 및 휴일 근로를 희망하는 여성근로자는 아래에 양식에 서명해 주시기 바랍니다(자필로 작성할 것).

일 자: 년 월 일(년 월 일 ~ 년 월 일)	
부 서:	
성 명:	
서 명:	

상기 본인은 자의에 따라 ☐ 야간근로
☐ 휴일근로 를 희망하여 동의합니다.

20   년   월   일

주식회사○○○○ 귀중

20. 취업규칙

취업규칙은 사업장 내 근로자의 복무규율과 근로조건에 관해 사용자가 작성한 규범을 말합니다. 사업장 내에서 직장질서와 근로조건을 집단적·획일적으로 처리하기 위하여 사용자가 일방적으로 정한 규범입니다.

(1) 상시 10명 이상의 근로자를 사용하는 사용자는 취업규칙을 작성하여 고용노동부 장관에게 신고하여야 합니다.

(2) 취업규칙에 포함될 필수내용(근기법 제93조)

 1) 업무의 시작과 종료시간, 휴게시간, 휴일, 휴가 및 교대 근로에 관한 사항

 2) 임금의 결정·계산·지급 방법, 임금의 산정기간·지급시기 및 승급(昇給)에 관한 사항

 3) 가족수당의 계산·지급 방법에 관한 사항

 4) 퇴직에 관한 사항

 5) 「근로자퇴직급여 보장법」 제4조에 따라 설정된 퇴직급여, 상여 및 최저임금에 관한 사항

 6) 근로자의 식비, 작업 용품 등의 부담에 관한 사항

7) 근로자를 위한 교육시설에 관한 사항

8) 출산전후휴가·육아휴직 등 근로자의 모성 보호 및 일·가정 양립 지원
에 관한 사항

9) 안전과 보건에 관한 사항

10) 업무상과 업무 외의 재해부조(災害扶助)에 관한 사항

11) 직장 내 괴롭힘의 예방 및 발생 시 조치 등에 관한 사항

12) 표창과 제재에 관한 사항

13) 그밖에 해당 사업 또는 사업장의 근로자 전체에 적용될 사항
※ 취업규칙 작성시는 고용노동부 표준취업규칙을 참조로 작성하시면
됩니다.
별지: 표준취업규칙 참조

(3) 취업규칙 신고
1) 취업규칙 및 근로자서명
2) 취업규칙신고서를 첨부하여 관할노동청에 신고하시면 됩니다.

※ 취업규칙의 효력

사용자가 취업규칙에서 정한 근로조건을 근로자에게 불리하게 변경함에 있어서 근로자의 동의를 얻지 않은 경우에 그 변경으로 기득 이익이 침해되는 기존의 근로자에 대한 관계에서는 그 변경의 효력이 미치지 않게 되어 종전 취업규칙의 효력이 그대로 유지되지만 그 변경 후에 변경된 취업규칙에 따른 근로조건을 수용하고 근로관계를 갖게 된 근로자에 대한 관계에서는 당연히 변경된 취업규칙이 적용되어야 하고, 기득이익의 침해라는 효력배제사유가 없는 변경 후의 취업근로자에 대해서까지 그 변경의 효력을 부인하여 종전 취업규칙이 적용되어야 한다고 볼 근거가 없다.(대판 1992.12.22. 선고91다45165 전원합의체 판결)

※ 유리한 조건 우선의 원칙[有利- 條件 優先- 原則]

「근로기준법」 제3조는 "이 법에서 정하는 근로조건은 최저기준이므로 근로관계 당사자는 이 기준을 이유로 근로조건을 낮출 수 없다"고 하여 근로자에게 유리한 근로조건이 우선적으로 적용됨을 구체적으로 명시하고 있다. 단체협약과 근로계약사이에 유리한 조건 우선의 원칙이 적용되는가 여부에 대해서는 논란이 있는데, 그 이유 중 하나는 우리나라의 기업별 교섭구조에서 단체협약과 근로계약 사이에 유리한 조건 우선의 원칙을 그대로 적용할 경우 사용자가 악용하여 노동조합의 분열을 조장하는데 이용할 우려가 높기 때문이다.

[별지 제15호서식] <개정 2021. 4. 5.>

취업규칙 [✓]신고서
[ ]변경신고서

1. ※ 색상이 어두운 난은 신고인이 적지 않으며, [ ]에는 해당하는 곳에 ✔ 표시를 합니다.

접수번호		접수일	처리기간	1일

신고 내용	사업장명		사업의 종류	
	대표자 성명		사업자등록번호	
	소재지		(전화번호 :)	
	근로자수 명 (남 명, 여 명)		노동조합원수	명
	의견청취일 또는 동의일		년 월 일	

「근로기준법」 제93조 및 같은 법 시행규칙 제15조에 따라 위와 같이 취업규칙을 [ ] 신고 또는 [ ] 변경신고합니다.

202 년   월   일

신고인   (서명 또는 인)

대리인   (서명 또는 인)

○○지방고용노동청(지청)장 귀하

첨부서류	1. 취업규칙(변경신고를 하는 경우에는 변경 전과 변경 후의 내용을 비교한 서류를 포함합니다) 1부 2. 근로자의 과반수를 대표하는 노동조합 또는 근로자 과반수의 의견을 들었음을 증명하는 자료 1부 3. 근로자의 과반수를 대표하는 노동조합 또는 근로자 과반수의 동의를 받았음을 증명하는 자료(근로자에게 불리하게 변경하는 경우에만 해당합니다) 1부	수수료 없음

처 리 절 차

신고서 제출	→	접 수	→	내용검토	→	결 재	→	통 보 (변경명령에 한함)
신고인		지방고용노동청 (지청)장		지방고용노동청 (지청)장		지방고용노동청 (지청)장		지방고용노동청 (지청)장

210mm×297mm[백상지(80g/㎡) 또는 중질지(80g/㎡)]

(4) 취업규칙 변경신고

① 취업규칙 변경 대비표(예문)

변경 전	변경 후
제50조(정년)	제50조(정년)
사원의 정년은 만 60세가 되는 월의 마지막일로 한다. 단, 정년에 달한 자라도 회사의 업무상 필요가 있는 경우 또는 이외의 특수한 기능을 가진 자의 경우에는 인사위원회의 결정에 따라 1년 단위로 촉탁근무를 위촉할 수 있다.	사원의 정년은 만 60세가 되는 월의 마지막일로 한다. 다만 회사의 사정에 따라 현행 정년을 유지하되 정년에 도달한 자를 재고용하기로 한다.
제60조(휴직)	제60조(휴직)
5. 휴직기간은 근무연수에 산입한다.	5. 휴직기간은 근무연수에 산입한다. 단 제35조 2,3항으로 인한 휴직기간은 근무일수에 산입하지 아니한다.(추가)

② 취업규칙(변경된 원본)과 취업규칙 변경신고서를 첨부하여 관할노동청에 신고하시면 됩니다.

(5) 취업규칙의 활용

취업규칙은 신규채용자에 대해서 필요한 사항이 있다면 교육 또는 열람이 이루어질 수 있도록 하여야 합니다.

※ 유리조건우선의 원칙

노동관계를 규율하는 규범에는 헌법, 근로기준법이나 노동조합 및 노동관계조정법 등 법률 및 시행령, 단체협약, 취업규칙, 근로계약, 관행 등이 있는데 이중 근로자에게 가장 유리한 조건을 정한 법규범이 우선적으로 적용되어야 한다는 원칙입니다.

---

21. 산업재해보상

　　산업재해란 노동 과정에서 업무상 일어난 사고 또는 직업병으로 말미암아 근로자가 받는 신체적·정신적 장애를 말하며, 산업재해에 대한 보상 및 배상을 위해서는 업무상 재해로 인정받아야 합니다.

　　산재보험법 제37조(업무상의 재해의 인정 기준) 제1항에 의거 "근로자가 다음 어느 하나에 해당하는 사유로 부상·질병 또는 장해가 발생하거나 사망하면 업무상의 재해로 봅니다. 다만, 업무와 재해 사이에 상당인과관계(相當因果關係)가 없는 경우에는 그러하지 아니하다."라고 되어 있습니다.

(1) 사고로 인한 근로자의 사상이 다음 각 요건에 해당되는 경우에는 이를 업무상 재해로 봅니다.

　1) 근로자가 근로계약에 의한 업무를 사업주의 지배 관리 하에 수행하는 상태에서 사고가 발생하거나 사업주가 관리하고 있는 시설물의 결함 또는 관리상의 하자로 인하여 재해가 발생된 것이어야 합니다.

　2) 사고와 근로자의 사상 간에 상당인과관계가 있어야 합니다.

　3) 근로자의 고의로 자해행위나 범죄행위 또는 그것이 원인이 되어 발생한 사상이 아닐 것. 다만, 다음 각목에 해당하는 자가 정신장해로 인하여 정상적인 인식능력이나 행위선택능력 또는 정신적 억제력이 현저히 저하된 상태에서 자살행위로 인하여 사상하였다는 의학적 소견이 있는 경우에는 그러하지 아니하다.

> ※ 업무상 스트레스로 인하여 정신과 치료를 받은 자
> ※ 업무상 재해로 인하여 요양 중인 자

(2) 작업시간 중 사고

1) 작업장 내에서 발생한 작업도중, 용변 등 생리적 필요행위, 작업준비, 마무리행위 등 작업에 필요한 부수적 행위도중 발생한 재해를 말합니다.

2) 근로자가 사업장내에서 천재지변 또는 화재 등의 돌발적인 사고가 발생하여 사회통념상 예견될 수 있는 구조행위 또는 긴급피난행위를 하고 있을 때 발생한 사고도 포함됩니다.

> 단, 업무와 사고간에 상당인과관계가 없음이 명백한 경우는 업무상 재해가 아니다.

(3) 휴게시간 중 사고

휴게시간 중에 사업장내에서 사회통념상 휴게시간 중에 있다고 인정되는 행위로 인하여 발생한 사고로 사상한 경우에는 이를 업무상 재해로 봅니다.

> 다만, 취업규칙 등을 위반하거나, 고의자해 및 범죄행위 또는 그것이 원인이 되어 사상한 경우에는 그러하지 아니하다.

(4) 천재지변에 의한 사고

근로자가 태풍, 홍수, 지진, 눈사태 등의 천재지변이나 돌발적인 사

고가 발생할 우려가 많은 장소에서 업무를 수행하거나, 휴식시간을 이용하여 자유로운 사적행위를 하고 있을 때, 작업시간 외의 시간 중에 사업장 내 시설을 자유롭게 이용할 때, 사업장 내에서 자유롭게 출·퇴근하고 있거나 출퇴근 중에 잠시 머무르고 있을 때 발생한 재해는 업무상 재해입니다.

다만 업무와 사고간에 상당인과관계가 없음이 명백한 경우는 업무상 재해가 아니다.

(5) 작업시간 외 사고

사업주가 관리하고 있는 시설의 결함이나 사업주의 시설관리소홀로 발생한 경우입니다.(차량이나 장비 등 포함) 그러나 근로자의 자해행위 또는 사업주의 구체적인 지시사항을 위반한 행위나 관리 또는 사용권이 재해를 당한 근로자의 전속적 권한에 속하는 시설에 발생한 경우에는 인정되지 않습니다.

(6) 출·퇴근 도중의 사고

출·퇴근 도중에 발생한 사고도 다음과 같은 경우는 업무상 재해로 인정됩니다.

1) 사업주가 소속근로자들의 출·퇴근용으로 제공한 교통수단의 이용 중에 발생한 사고일 것.

2) 사업주가 제공한 교통수단에 대한 관리·이용권이 재해를 입은 근로자에게 전담되어 있지 않은 때입니다. 사업주가 직접 제공한 출·퇴근 차량이 아니어도 근로자가 통상 이용하고 있고, 사용자가 이를 묵인

하고 있는 경우도 업무상 재해로 인정됩니다.

(7) 출장 중 사고

1) 근로자가 사업주의 출장지시를 받아 사업장 밖에서 업무를 수행하고 있을 때 발생한 사고로 인한 재해의 경우, 근로자가 사업주의 지시를 받아 출·퇴근중에 업무를 수행하고 있을 때 발생한 재해는 업무상 재해입니다.

2) 또한 사업주의 지시를 받아 사업장외의 장소로 출·퇴근하여 직무를 수행하고 있는 근로자(외근근로자)가 최초로 직무수행장소에 도착하여 직무를 시작한 때부터 최후로 직무를 완수한 후 퇴근하기 전까지의 사이에 발생한 사고도 업무상재해입니다.

> 그러나, 출장도중 정상적 경로를 벗어났을 때 발생한 사고, 근로자의 사적행위·자해행위·범죄행위나 그것이 원인이 되어 발생한 사상, 사업주의 구체적인 지시를 위반한 행위로 인한 근로자의 사상은 업무상재해로 볼 수 없다.

(8) 행사 중 사고

운동경기, 야유회, 등산대회 등 각종 행사에 참가 중 사고나, 행사준비 중 사고로 재해를 입은 경우를 말합니다.

1) 사업주가 행사에 참여하는 근로자에 대하여 행사 당일 출근한 것으로 처리하는 경우

2) 사업주가 근로자에 대하여 행사에 참여하도록 지시하는 경우

3) 사업주에게 행사참여에 대한 사전보고를 통하여 사업주의 참가승인을 얻은 경우

4) 위의 경우에 준하는 경우로서 통상적·관례적인 행사에 참여하는 경우

> 다만, 행사와 사고 간에 상당인과관계가 없음이 명백한 경우에는 업무상재해가 아니다. 행사의 기획·운영업무를 담당하고 있는 근로자가 그 행사의 기획·운영 업무를 수행하던 중 발생한 사고로 인하여 사상한 경우 "작업시간 중 사고" 및 "출장중 사고" 준용

(9) 제3자에 의한 사고

타인의 폭력행위에 의하여 근로자가 사상한 경우로서 다음 요건에 해당되는 경우에는 이를 제3자의 행위에 의한 업무상 재해로 봅니다.

1) 재해발생경위 및 사상한 근로자가 담당한 업무의 성질이 가해행위를 유발할 수 있다고 사회통념상 인정될 것

2) 타인의 가해행위와 사상한 근로자의 사상 간에 상당인과관계가 있을 것

> 다만, 업무와 사상 간에 상당인과관계가 없음이 명백한 경우에는 그러하지 아니하다.

(10) 요양 중 사고

업무상 재해를 당하여 요양 중에 있는 근로자가 요양과 관련된 행위 중에 발생한 사고로 인하여 사상한 경우로서 요양 중인 행위와 사고 간에, 사고와 새로운 사상 간에 각각 상당인과관계가 있다고 인정되는

경우에는 이를 업무상 재해로 봅니다.

(11) 산업재해로 인한 요양급여 및 휴업급여(최초분) 신청(청구)

1) 산업재해 처리절차

① 재해자 발생	재해를 인지한 시점
② 병원후송 및 보고	① 입원 및 치료
	② 관할지방고용노동관서 (재해조사표) 보고 ※ 중대재해는 24시간 이내, 일반재해는 30일 이내
③ 산업재해 요양신청	① 요양급여 및 휴업급여 신청서 작성 ※ 의사소견서 첨부
	② 관할근로복지공단에 제출 ※ 관할공단에서 요청하는 추가서류 제출 (임금대장, 평균임금, 근로계약서 등)
④ 장애급여 청구	① 산업재해로 인해 치료를 받았음에도 불구하고 장애가 발생되었을 경우
	② 장애급여 신청
⑤ 유족보상 청구 (사망시)	① 유족급여 및 장의비 청구서
	② 사망진단서
	③ 주민등록등본
	④ 관할근로복지공단에 제출

(출처: 산업안전보건법)

2) 중대재해의 기준은 다음과 같습니다.

① 산업재해 발생으로 사망 1인 이상일 경우

② 산업재해로 인해 3일 이상 요양이 필요한 부상자가 2인 이상일 경우

③ 산업재해로 인한 부상자 및 질병자가 10명 이상이 동시에 발생한 경우

3) 산재보상항목

① 요양급여: 요양기간 동안 치료비용

② 휴업급여: 임금의 70% (입원, 통원을 포함한 요양기간)

③ 장해급여: 요양 후 치유되었으나 정신적, 신체적 결손이 남게 된 경우 장애등급에 따라 지급하는 보험급여

④ 간병급여: 치유 후 의학적으로 상시 또는 수시 간병이 필요한 경우 실제 간병 받는 자에게 지급하는 급여

⑤ 유족급여 및 장의비: 근로자의 사망 또는 사망으로 추정되는 경우 유족들에게 지급되는 보험급여

4) 요양급여 및 휴업급여(최초분) 신청(청구)서 작성

"요양급여 및 휴업급여(최초분) 신청서" 양식은 근로복지공단 홈페이지에서 다운로드 받아서 사용하시면 됩니다.

① 맨 처음 재해자 인적사항을 기록하시면 됩니다.

접수일자		접수번호			처리기간	7일

재해자	성 명(외국인은 외국인등록증상 영문명 대문자)			주민등록번호(외국인등록번호)	
	주 소			휴대전화: 전화번호:	
	재해발생 일 시	년 월 일 시 분		전자우편(E-mail)	
	채용일자:	년 월 일 국 적:		직 종:	
	출근시간:		퇴근시간:	작업개시시간:	
	종사상 지위: [✓]상용 [ ]임시 [ ]일용			고용형태: [ ]정규직 [ ]비정규직	
	보험가입자와의 관계	[✓]실제사업주 [ ]하수급인 [ ]동업자 [ ]배우자 [ ]부모 [ ]자녀 [ ]형제자매 [ ]기타 친인척( ) [ ]해당 없음			

1. 성명: 재해자 성명기록

2. 주민등록번호: 재해자의 주민등록번호 기록

3. 주소: 재해자의 주민등록상 주소 또는 우편물 수령가능주소 기록

4. 전화번호: 근로복지공단에서 오는 전화를 받을 수 있는 번호

5. 재해발생일시: 재해발생한 날짜와 시간 기록

6. 국적: 대한민국(외국인의 경우 본국기록)

7. 직종: 제조업, 서비스업 등 해당 업종기록

8. 출근시간, 퇴근시간: 근로계약서상에 있는 실제 출퇴근시간

9. 작업개시시간: 통상출근시간과 동일한 경우가 많음

10. 기타: 해당란에 체크(✔)하시면 됩니다.

② "요양"란 작성방법입니다.

신청 구분: [✔]최초요양([ ] 업무상 사고 [ ]업무상 질병 [ ]출퇴근 재해) [ ]재요양 [ ]전원 [ ]병행진료 [ ]진폐) ※ 최초요양 및 재요양 신청시 휴업급여(뒷면)를 함께 청구하실 수 있습니다.

사업장관리번호	☐☐☐-☐☐-☐☐☐☐☐-☐ (사업개시번호:)	

사업장명		사업주명		연락처(☎)	
사업장주소					

재해원인 및 발생상황(재요양의 경우 재발하거나 치유 당시보다 악화된 경위)(별지사용 가능)

(육하원칙에 의거 기술)

① 위 재해와 관련하여 음주 또는 음주운전으로 관공서에 신고(접수)한 사실이 있습니까?	[ ]예 [ ]아니오
② 위 재해와 관련하여 119 또는 소방서에 구조구급·재난 신고(접수)한 사실이 있습니까?	[ ]예 [ ]아니오
③ 위 재해와 관련하여 경찰서에 사고(사건) 신고한 사실이 있습니까?	[ ]예 [ ]아니오
④ 위 재해와 관련하여 자동차 보험사에 사고를 신고한 사실이 있습니까?	[ ]예 [ ]아니오
⑤ 위 재해와 관련하여 사업장에 알린 사실이 있습니까?	[ ]예 [ ]아니오

※ 재해경위 등 주요 사항을 사실과 달리 기재하여 보험급여를 지급받은 경우에는 「산업재해보상보험법」제84조에 따라 부당이득 징수 등의 불이익 처분을 받게 되오니 사실대로·구체적으로 기재하셔야 합니다.

※ 작성방식: 어디에서(구체적 장소), 무엇을 하기 위해(작업내용, 목적), 무엇을 사용하여(작업도구, 취급물질), 어떻게 하다가(경위, 동작, 움직임), 어떤 이유 때문에 어떻게 재해를 당하였는지 작성하여 주시기 바랍니다.

목격자가 있는 경우: 성명( ), 연락처( ), 재해자와의 관계( )
가해자가 있는 경우: 성명( ), 연락처( ), 재해자와의 관계( )

재해(또는 재요양 사유) 발생 후 현재 요양 중인 의료기관 전에 진료(치료) 받은 의료기관

의료기관명: 소재지:

의료기관명: 소재지:

재요양의 요건에 관한 사항	사유	[ ]신체내 고정물 제거수술 [ ]의지장착을 위한 재수술 [ ]치과보철 재발 또는 악화로 인한 요양([ ]수술 [ ]비수술) [ ]기타( )			
	수술할 경우	수술부위:	수술(예정)일자	년 월 일	
	재요양 사유 발생 당시 취업 중인 경우 취업한 사업장명				

1. 신청구분: 재해후 첫입원일 경우 "최초요양"으로 체크

2. 사업장관리번호: 사업장 고용산재관리번호를 기입

3. 재해원인 및 발생상황: 육하원칙에 의거 상세히 기록하되 작성란 이 부족할 경우 별지 첨부도 가능합니다.

4. 목격자가 있는 경우: 목격자에 대한 인적사항을 기록

5. 의료기관: 재해발생 후 치료 및 입원한 의료기관 기재

③ 마지막으로 사업주 및 신청인의 인적사항을 기록합니다.

위와 같이 신청(청구)합니다.	
년 월 일	
신청인(청구인)	(서명 또는 인)
대 리 인	(서명 또는 인)

※ 시행규칙 제20조 제2항에 따라 요양급여신청서가 접수되면 보험가입자(사업주)에게 알리고 보험가입자 의견을 확인하여 신청서를 처리합니다.
※ 신청인이 대리인을 선임한 경우에는 대리인은 「대리인 선임 신고서」를 근로복지공단에 제출하여야 합니다.

1. 사업주 정보기록: 사업장명, 사업장주소, 사업주명을 기록하고 사업장 인감도장을 날인하시면 됩니다.

2. 신청인 정보기록: 신청인 성명 및 서명을 하시면 됩니다. 다만 신청인의 대리인(변호사 또는 노무사)이 있을 경우는 대리인의 성명 및 서명을 기록하시면 됩니다.

④ 뒷면에도 필요한 정보를 기입하셔야 합니다.

5) 산업재해보상보험소견서 작성

① 산업재해보상보험 소견서는 입원 및 치료한 의료기관의 주치의가 기록합니다.

② 산업재해보상보험소견서에는 의료기관의 진단서가 첨부됩니다.

중대재해처벌법의 책임의 주체

① 대표이사 등 사업의 대표 및 총괄자

② 사업 전반의 안전, 보건, 관련조직, 인력 등을 결정하고 총괄 관리하는 자

③ 중앙행정기관 및 지자체, 공기업 공공기관의 장

---

22. 산재근로자 대체인력 지원금 제도

  산재근로자 대체인력지원금은 산재근로자가 업무상 재해를 입은 날로부터 원 직장 복귀 시까지 대체인력으로 사용한 근로자에 대해 사업주에게 대체인력 임금의 일부를 지원하는 제도입니다.

(1) 지원 대상

  재해일 당시(해당 월말) 상시근로자 수 50인 미만의 소규모 사업장의 사업주가 지원대상에 해당합니다.

  대상사업장 규모는 사업주가 행하는 모든 사업의 상시근로자를 합산 판단

  ※ 다음 각 항목에 해당할 경우 지원 제외됩니다.

  ① 대체인력이 '고용보험 또는 산재보험'에 미가입된 경우

  ② 대체인력에 대해 다른 법령에 따라 대체인력지원금에 해당하는 금액을 받은 경우

  ③ 산재보험료가 체납된 경우

  ④ 대체인력을 고용한 이유로 지원기간 동안 다른 근로자를 해고한 경우

  ⑤ 산재근로자(건설일용직 등)의 원소속 사업장으로 판단할 수 없는 건설현장 등

(2) 지원 요건

  지원 대상 사업자 중 아래 요건을 모두 충족하는 경우 지원을 받으실 수 있습니다.

1) 산재근로자

재해일 이후 계속 고용을 유지하고 요양종결 후 원직장에 복귀하여 30일 이상 고용을 유지하여야 합니다.

2) 대체인력

산재근로자 업무대체자로 재해일 이후 채용하여 30일 이상 고용유지해야 합니다.(대체인력 사용기간이 30일 미만인 사업주는 지원 제외)

(3) 지원 내용

1) 지원 기간

최소 30일에서 최대 6개월까지 대체인력 사용 기간에 대해 지원됩니다.

2) 지원 금액

대체근로자 임금의 50%를 지원하되, 월 60만 원 한도로 지급합니다.

(4) 지원금 청구

산재근로자를 실제 원직장에 복귀시켜 30일 이상 고용을 유지한 날부터 2년 이내에 청구가 가능합니다.

※ 대체인력 지원금 청구서를 작성 후 구비서류를 갖추어 사업장 또는 의료기관 관할공단 지역본부(지사)로 청구하시면 됩니다.

(5) "산업재해보상보험 산재근로자 대체인력 지원금 청구서" 작성

1) 청구사업장 정보기입

청구 사업장	① 대표자		② 주민번호		□□□□□□ - □□□□□□□	
	③ 사업장명		④ 법인등록번호			
	⑤관리번호	□□□-□□-□□□□□□-□		⑥ 상시근로자수 (재해월 말일 기준)	명 ※ 법인 /사업주 단위 전체(일용직· 외국인포함)	
	⑦ 소 재 지			⑧ 연락처		

① 대표자정보: 성명, 주민등록번호 기입

② 사업장명: 법인명 또는 사업장 명칭

　※법인일 경우 법인등록번호 기재

③ 관리번호: 고용산재 관리번호 기입

④ 상시근로자수: 현재 고용, 산재에 취득 신고한 인원

2) 산업재해를 당한 근로자에 대한 정보 기입

산 재 근로자	⑨ 성　명		⑩ 주민번호	□□□□□□ - □□□□□□□
	⑪ 재해일		⑫ 원직장 복귀일	
	⑬ 고용여부	[　] 고용중　[　] 퇴직(퇴직일:　　　.　　　.　　　)		

① 산재근로자 정보: 성명, 주민등록번호 기입.

② 재해일과 원직장 복귀일: 연월일 기록

③ 고용여부: 고용중에 체크(✔)

　※ 산재근로자자가 1명 이상일 경우는 별지로 인적사항 첨부

3) 대체인력 근로자에 대한 정보 기입

대 체 인 력	⑭ 성　명		⑮ 주민번호	□□□□□□ - □□□□□□□
	⑯ 주　소		☏ 　　-　　-	
	⑰ 고용일		⑱ 고용형태	[　] 상용직　[　] 임시직　[　] 일용직
	⑲ 고용여부	[　] 고용중　[　] 퇴직 (퇴직일:　.　.　. 사유:　　　)		
	⑳ 수행업무	직종	[　] 산재근로자 수행업무　[　] 산재근로자 수행업무 외	
	㉑ 지급임금액	[　] 지급 (월　　　원)	[　] 미지급	

① 대체근로자 정보: 성명, 주민등록번호, 주소 기입

② 고용일과 고용형태: 고용일자, 고용형태는 임시직 또는 일용직

③ 고용여부: 퇴직, 퇴직일, 사유(기간만료 등)

④ 수행업무: 직종은 산재근로자와 동일, 수행업무는 반드시 산재근로자와 동일한 업무를 수행하지 않아도 됩니다.

⑤ 지원금액: 대체근로자에게 지급한 임금액을 기입

4) 청구내역 기입

㉔ 청구내역	청구기간	. . ~ . . * 대체인력 '휴직병가 등' : 없음[ ], 있음[ ] (기간: . . . ~ . .)
		1. 재해일이 속한 달의 상시근로자 수가 50인 미만인가요? 예 □ 아니오 □
		2. 재해일이후 신규로 대체인력(고용보험 또는 산재보험 가입)을 고용, 30일이상 고용유지하였나요? 예 □ 아니오 □
		3. 산재근로자를 고용단절 없이 원직장복귀시켜 30일이상 고용을 유지하였나요? 예 □ 아니오 □

(6) 지원금 지급절차

산재근로자	사업주			공단
재해발생 →산재요양	대체인력 사용	산재근로자 직장 복귀 및 고용 유지	지원금 청구	지원 자격 확인 및 지급

⇒ 는 각 단계 사이에 위치

산재근로자를 실제 원직장에 복귀시켜 30일 이상 고용을 유지한 날부터 2년 이내 아래의 서류를 준비하여 청구하시면 됩니다.

1) 대체인력지원금 청구서

2) '대체인력 및 산재근로자'의 임금 지급을 확인할 수 있는 서류 사본 1부

※ 필요시 대체인력의 고용 관계를 확인할 수 있는 서류, 출근부, 사업주 또는 사업장 통장 사본 등 추가서류(자료)가 필요할 수 있습니다.

※ 회식 중 사고가 산재로 인정받으려면

1. 비용을 회사가 부담한 경우
2. 행사나 모임의 주최자가 회사나 사업주인 경우
3. 참가인원이 많은 경우
4. 참가에 강제성이 있거나 빠지기 곤란한 경우

※ 산업 재해자에 대해 권고사직 및 실업급여 가능한 경우

산업재해 종료 후 1개월 내에 해고할 수 없다는 근로기준법 제23조 제2항에도 불구하고 권고사직할 수 있는 예외의 경우

① 산업재해 종료 후 복직하였으나 사업장의 불비한 여건상 도저히 복직한 재해자가 업무수행을 할 수 없는 상황
② 재해자가 복직하였으나 신체적 연건상 업무에 투입할 수 없는 상황
   ⇒ 이 경우는 "재입사를 위한 권고사직"으로 재해자는 실업급여를 받을 수 있습니다.(다만 실업급여 수급자에 해당되어야 가능함)
  1. 질병 등으로 인한 퇴사확인서
  2. 재취업을 위한 사업주 의견서 등을 제출하시면 실업급여 수급에 도움이 됩니다.

23. 고용유지지원금(참조: 고용노동부 홈페이지)

고용유지지원금은 사업주가 근로자에게 제공하는 휴업·휴직 수당에 대해 정부가 지원하는 보조금입니다. 경영 상황이 어렵더라도 인원 감축 대신 고용유지를 장려하기 위한 제도입니다. 2021년부터는 10인 미만 사업자의 무급휴직 지원이 추가되었고, 코로나19 확산을 고려해 고용유지조치계획 사후신고 기간을 3일에서 30일로 연장했습니다.

(1) 지원요건

1) 유급 휴업이 가능한 경우

① 피보험자 전체 소정근로시간 합계 대비 20% 이상의 근로시간을 단축하거나

② 휴업실시 기준월 기준 전년도 동월 매출이 15% 이상 감소되었거나

③ 휴업실시 기준월 대비 전월, 전전월, 전전전월의 매출의 평균이 기준 월 대비 15% 이상 감소하였을 경우 휴업이 가능합니다.

2) 유급 휴직이 가능한 경우

사업주가 근로자들에 대해 30일 또는 1개월 이상 휴직 부여할 경우 유급휴직이 가능합니다.

3) 무급 휴업이 가능한 경우

① 30일 이상 무급휴직 실시 및 일정규모 이상 무급 휴업 시

② 노동위원회에서 승인이 되면 무급휴업 수당을 받으실 수 있습니다.

4) 무급 휴직이 가능한 경우
  ① 30일 이상 무급휴직 실시 및 일정규모 이상 무급휴업 시
  ② 무급휴직은 1년 이내 4개월 이상 유급휴업 또는 피보험자의 20%
    이상 휴직을 실시한 경우 가능합니다.

(2) 지원수준
  1) 유급 휴업/휴직: 우선지원 2/3, 1일 6.6만 원 한도이며

  2) 무급 휴업/휴직: 평균임금의 50% 범위 내에서 심사위원회 결정에 의
    해 결정됩니다.

(3) 지원기간
  1) 유급 휴업/휴직: 연 180일까지 지급됩니다.

  2) 무급 휴업/휴직: 근로자별 최대 180일까지 지급됩니다.

(4) 지원서류
  1) 고용유지조치 신청서류(유급휴업 기준)
    고용유지조치 계획서를 신청하려면 다음과 같은 서류를 준비하여야
    합니다.
    ① 고용유지조치(휴업)계획(변경)신고서 1부
    ② 고용유지조치 대상자명부
    ③ 고용유지조치 세부계획서(휴업)
    ④ 근로자대표선임서
    ⑤ 노사협의관련서류(회의록 등)

⑥ 매출액 대비표(고용조정이 불가피한 사업주 해당 될 경우 지원가능)

⑦ 고용유지조치안내문 (서명 후 제출)

⑧ 취업규칙이나 단체협약 사본 1부

⑨ 최근 3개월 임금대장 사본(평균임금으로 지급할 경우 1년 임금대장)

⑩ 휴업대상자 신분증 사본 / 근로계약서

⑪ 사인등기부등본 (법인의 경우), 사업자 등록증

⑫ 사업장 약도

2) 무급휴업 시 고용유지조치 신청서류

　① 고용유지조치 계획 신고서

　② 고용유지조치 대상자 명단

　③ 노사협의서, 노사협의 회의록 중 1가지 택일

　④ 근로계약서 사본, 취업규칙 사본

　⑤ 매출장부, 생산재고 대장 사본

　⑥ 휴직이전 3개월 임금대장 사본

　⑦ 출퇴근카드 기록지

(5) 고용유지조치신청서(휴업) 작성방법

　1) 고용유지조치계획서 작성

　　① 신고서 상단 작성

[별지 제36호서식] <개정 2020. 12. 31.>

2022년 제01차(5월분) 고용유지조치	■ 근로시간 조정 □ 교대제 개편 □ 휴업 등	■ 계획 □ 계획변경	신고서

② 사업장 정보기록

사업장	사업장관리번호		명 칭		
	피보험자수 명		대규모기업	[ ] 해당 [ ] 비해당	
	소 재 지				
	(전화번호: 휴대전화: 담당자:)				

1. 사업장관리번호: 고용산재 관리번호 기록

2. 명칭: 사업장명

3. 피보험자수: 고용산재 사업장 가입 피보험자 수.

4. 대규모기업: [ ] 해당(중견기업 이상) [✔] 비해당(소상공인/소기업~
   중소기업)

5. 소재지: 사업장을 운영하는 본점 또는 지점(사업장) 주소 기록

③ 고용유지조치를 실시한 날이 포함된 달(최초로 시작하는 달)

구 분	고용유지조치를 실시한 날이 포함된 달	직전 1개월	직전 2개월	직전 3개월
① 소정근로시간		＊ 작성생략		
② 연장근로시간 (반복적 연장근로가 있는 경우만 해당)				
③ 총근로시간(①+②)		＊ 작성생략		

1. 소정근로시간: 1일 8시간×실근로일수×휴업 인원수

2. 연장근로시간: 근로계약서상 실근로시간 중 소정근시간과 휴식
   시간을 제외한 연장근로시간을 기재(연장근로시간×실근로일수×
   인원수)

3. 총 근로시간: ①+②(소정근로시간+연장근로시간)

4. 직전 1개월, 직전 2개월, 직전 3개월의 연장근로시간 각 기재

④ 고용유지조치 내용

고용유지 조치 내용	④ 총 고용유지조치기간 (소정근로일수)	. . ~ . . (일)	⑤ (월) 전체 피보험자수	명
	⑥ (월) 고용유지조치 대 상 피보험자 수	명	⑦ 고용유지조치기간 중 총근로 시간	시간
	⑧ (월) 단축한 근로시간	시간	⑨ 근로시간 단축률	%
	⑩ 고용유지조치기간 중 단축 근로시간에 대한 임금보전 지급기준			

1. 총고용유지조치기간: 2022.05.01.~05.31(31일)

2. (월)전체 피보험자 수: 현재의 고용산재 피보험자 수

3. (월)고용유지조치 대상 피보험자 수: 고용유지조치를 시행하는 공
   정(파트)의 인원

   ※고용유지조치는 전체가 아닌 공정별 시행이 가능함

4. 고용유지조치 기간 중 총 근로시간: 시간조정(휴업)일 경우 휴업일
   수를 제외하고 소정근로시간+연장근시간을 합산한 시간

5. 단축한 근로시간: 휴업일수를 시간으로 환산

6. 근로시간단축률: 단축한 근로시간이 20% 이상 단축되어야 합니다.

7. 고용유지조치기간중 단축 근로시간에 대한 임금보전 지급기준 :

   (1) 기본임금의 70%~100%

   (2) 통상임금의 70%~100%

   (3) 평균임금의 70%~100%

   ※ 사업주가 근로자에게 지급하는 임금의 기준을 말합니다.

2) 고용유지대상자명부

	일자	1	2	3	4	5	6	7	8	9	10	11	12	13	14	15	16	
홍길동	근무	8	8	8	8					8	8	8	8				8	5일간 (36시간)
	휴업						8							8				
	일자	17	18	19	20	21	22	23	24	25	26	27	28	29	30	31		
	근무	8	8	8				8	8	8	8				8	4		
	휴업				8							8				4		

> ① 6, 13, 20, 27일은 휴업
> ② 31일은 시간단축(휴업)　※ 총휴업일수: 5일

3) 고용유지조치 세부계획서(휴업)

구분	내용
1. 고용유지조치(휴업) 실시사유	○ 발주량의 급격한 감소로 인원감축 대신 휴업을 통해 고용유지 ○ 매출액이 직전3개월(전년도, 전전년도, 전년도 기준월대비) 00% 이상 감소하였음 ※ 상기 기준대비 15% 이상 감소 시 고용유지조치 가능
2. 고용유지조치(휴업) 실시기간	2022년 5월 1일 ~ 동년 11월 30일
3. 고용유지조치(휴업) 방법	○ 휴업(근로시간단축)된 만큼 휴업수당 지급 ○ 휴업수당 지급시 초과근로시간은 고려하지 않음
4. 고용유지조치(휴업) 실시후의 인력활용 방법	고용유지기간 종료후 정상근무 복귀
5. 고용유지조치(휴업) 대상자 명단	홍길동 외 11명
6. 휴업수당 지급에 관한 사항	○ 임금기준일이 전월 21일부터 당월 20일까지로 월간임금을 분석하는 것이 제한되어 부득이 기준월은 2021년 2월, 2022년 3월, 2022년 4월의 임금으로 평균임금 산출하기로 함 ○ 고용유지대상자에 대해 고용유지 기간 중 평균임금의 80% 지급
	2022.　.　.
	사업주(대표자) 확 인:　　　서명 근로자 대표 확 인:　　　서명

139

4) 근로자대표선임서

근로자대표선임서

○ 성   명 : 홍길동

○ 주민번호 : 880808-1010101

○ 직   위 : 반장   ○전화번호(핸드폰번호) :

                                          2022년 04월 00일

당사 고용유지조치(휴업, 휴직)와 관련하여 상기인에게 일체의 권한을 위임하며, 근로자 대표로 선임함에 동의합니다.

연번	성 명	주민등록번호	서명(사인)	연번	성 명	주민등록번호	서명(사인)
01				07			
02				08			
03				09			
04				10			
05				11			
06				12			

※ 전체 근로자 서명 (휴업대상자만 서명하는 것이 아님- 과반수 이상)

※ 노사협의회 대표자가 없는 경우, 과반수의 노동조합이 없는 경우 위 대표자 선임

5) 노사협의관련 서류(회의록 등)

<table>
<tr><td colspan="4" align="center">노사협의회 회의록</td></tr>
<tr><td>회의일시</td><td>2022.04.22., 15:00</td><td>참석자</td><td>대표 김인사, 반장 홍길동</td></tr>
<tr><td>회의장소</td><td>공장휴게실</td><td colspan="2">사원 임꺽정 외 9명</td></tr>
<tr><td>회의 진행
(사진)</td><td colspan="3"></td></tr>
<tr><td>협의사항</td><td colspan="3">발주량 감소로 인해 발생되는 잉여인력의 활용방안 협의
1) 휴업실시: 5월 6, 13, 20, 27, 31일 5일간 휴업</td></tr>
<tr><td>의결사항</td><td colspan="3">○ 휴업 실시(2022. 05월)
1) 대상: 전 인원 실시
2) 휴업기간: 2022.05. 6, 13, 20, 27, 31

○ 휴업수당 지급 기준
1) 단축된 시간에 대해서는 평균임금을 지급하기로 한다.
2) 지급률: 평균임금의 80%를 지급하기로 한다.
3) 평균임금산정은 기본급, 초과근로수당, 연차 및 만근수당, 상여금, 기타제수당

○ 주휴수당 지급기준
1) 휴업기간 중 주휴수당은 정상적으로 지급

○ 휴일근로
1) 기간중 약정휴일을 포함한 휴일에는 근로를 실시하지 아니한다.

○ 약정휴일 지급기준
1) 05월 05일은 약정휴일로 유급으로 한다.
2) 05월 상기 약정휴일에는 작업을 하지 않는다.</td></tr>
<tr><td>의결된 사항
및 그 이행에
관한 사항</td><td colspan="3">회사는 발주량 감소에 따른 인위적인 인원감축 없이 상기 의견사항을 성실히 이행하며, 해당기간이 종료된 후 정상적인 근무가 이루어질 수 있도록 물량확보에 대하여 노력하여 휴업이 조기에 종결될 수 있도록 노력함.</td></tr>
<tr><td>기타
참고사항</td><td colspan="3">○ 휴업대상자들은 휴업기간동안 전직을 원할 경우 필히 회사에 통지한다.</td></tr>
</table>

사업주(대표자) 확인 : 김인사   서명

근로자 대표   확인 : 홍길동   서명

6) 매출액 대비표(고용조정이 불가피한 사업주 해당 될 경우 지원 가능)

① 기준월과 직전연도 같은 월의 매출대비

매출액 대비표

○ 아래 세 가지 방법 중 한 가지 이상의 방법에서 감소율이 15% 이상인 경우 고용보험법 시행령 제24조 제3호에 따라 고용조정이 불가피하게 된 사업주로 인정되며,

○ 본 자료는 시행령 제24조 제8호에 따라 직업안정기관의 장이 인정한 사업주 판단 시 활용되오니, 반드시 제출하여 주시기 바랍니다.

※ 기준월: 고용유지조치 시행일이 속한 달의 직전 월(예: 2021.3.8. 휴직 시작 시, 기준월은 2021.2월)

○ 기준월의 직전연도 같은 월 대비로 산정했을 경우

기준월의 직전 연도 같은 월 매출액	기준월 (22년 04월) 매출액	감소율
345,000,000원	273,000,000원	20.87 %

※ 기준월의 직전연도 같은 월 매출액: 2021년 04월

② 기준월의 직전 3개월 월평균 대비

기준월 직전 3개월				기준월 매출액 (22년 04월)	감소율
(01)월	(02)월	(03)월	직전 3개월 평균매출액		
325,000,000	394,000,000	312,000,000	343,666,667	273,000,000	20.56 %

③ 기준월 직전년도 1년 평균대비

월별\년도	1월	2월	3월	4월	5월	6월	7월	8월	9월	10월	11월	12월	계	월평균
'20년														
'21년														
기준월(22년 04월) 매출액: 273,000,000원												감소율	%

※ 위의 3가지 산정 중 선택해서 작성

— 위 매출액 대비표를 뒷받침할 수 있는 증거서류(국세청 월별 매출 자료, 세금계산서, 부가세 신고자료, 매출액 원장, 대차대조표, 손익계산서 등)를 제출

7) 고용유지조치안내문 (서명 후 제출)

〈 고용유지지원금 관련 유의사항 안내 〉

○ 고용보험법시행령 제19조 내지 제21조 규정에 의하여 귀 사업장에서 제출하신 고용
유지조치계획서에 의해 고용유지조치(휴업, 유급(무급)휴직, 훈련 등)를 실시하는 경우
에는 고용유지지원금이 지급됩니다.

○ 다만, 다음에 열거하는 항목들을 반드시 숙지하여 지원금을 받지 못하는 불이익이 없
도록 하시기 바랍니다.

● 고용유지조치 계획 신고서가 접수되었다고 반드시 지원금이 지급되는 것은 아니며
추후 지원금 신청서를 제출하면 관련 법령 준수 및 계획 이행 여부 등을 검토하여 지
원금 지급 여부를 결정하게 됩니다.

① 이직발생 여부를 기준으로 고용유지조치기간 동안의 계속 고용여부를 판단하므로 고
용유지조치 기간과 이후 1개월 동안 감원 여부를 반드시 신고하여야 합니다. (감원방
지기간으로 지원되지 않음)

※ 예시 21.3.1.~ 21.6.30.까지 고용유지조치를 실시할 경우 고용유지조치기간:
21.3.1~ 21.6.30. (고용유지조치 실시 첫날부터 마지막 날까지의 기간을 의미) 감원
방지기간: 21.3.1~ 21.7.31 (.고용유지조치기간과 이후 1개월)

- 중간 생략 -

⑨ 휴업 중 부여되는 연차 유급휴가(근로기준법상 의무적 부여), 하계휴가 및 경조휴가
의 경우에는 휴업수당 지원금이 지급되지 않으며(지원금 신청 시 제외하고 신청), 월
력상 1개월 단위의 전체 피보험자 총근로시간 단축률이 100분의 20을 초과해야 지원
금 요건이 충족되므로 이를 정확히 준수하여야 합니다.

⑩ 고용유지지원금의 지원 목적을 위해 허위 공문서 작성 등 부정한 방법을 사용하는 사
업주에 대하여 지원금을 지급하지 아니하며, 반환명령 또는 지급제한을 한 날부터 1년
간 각종 지원금·장려금 지급이 제한되며, 부정수급액의 2배에서 5배에 해당하는 금액
을 추가 징수합니다.

기타 의문사항이 있을시 고용안정사업담당자에게 문의하시기 바랍니다.

작성일	21. . .	사업장명		사업주(성명)		인, 서명

8) 취업규칙이나 단체협약 사본 1부

　① 취업규칙에 적시된 근로시간, 유·무급휴일, 임금의 범위, 지급방식 등을 확인하기 위해 필요

　② 취업규칙 또는 단체협약 등을 복사하여 제출하시면 됩니다.

9) 최근 3개월 임금대장 사본(평균임금으로 지급할 경우 1년 임금대장)

　① 휴업급여 산출내역서를 작성

　② 3개월 임금으로 평균임금 산출

　③ 1년간의 연차수당, 상여금을 산출하여 평균값을 구한다음 3개월 임금으로 평균임금 산출하는데 적용

10) 휴업대상자 신분증, 근로계약서 사본을 준비하시면 됩니다.

11) 휴업을 하는 사업체가 법인일 경우 법인등기부등본과 사업자 등록증을 준비하시면 됩니다.

12) 사업장의 약도는 사업장 및 창고 등의 평면도를 준비하시면 됩니다.

(6) 고용유지지원금 신청서류(유급휴업기준)(참조: 고용노동부 홈페이지)

　1) 고용유지지원금(휴업)신청서

　　① 신청서 상단은 고용유지조치계획신고한 내용과 동일하게 작성

2022년 제01차(05월분) 고용유지	■ 근로시간 조정 □ 교대제 개편 □ 휴업 등	지원금 신청서

② 사업장정보는 고용유지조치계획서와 동일하게 작성

사업장	사업장관리번호			
	명 칭		대규모기업	1. 해당 2. 비해당
	소재지			
		(전화번호: 휴대전화: 담당자:)		

③ 고용유지조치 현황도 고용유지조치계획서 작성내용과 동일

고용유지조치 현황	① (월) 말일 현재 피보험자수	명	② (월) 고용유지조치 대상자 수	명
	③ 총 근로시간 (해당 월 소정근로시간 + 반복적 연장근로시간)	시간	④ (월) 고용유지조치기간 중 총 근로시간	시간
	⑤ (월) 단축된 근로시간	시간	⑥ 근로시간 단축률	%

④ 지원금 신청내용

신청내용	⑦ 고용유지조치기간 중 임금 보전을 위하여 지급한 금품 총액	원	⑧ 지원율	3/4, 2/3, 1/2
	⑨ 지원금 신청액 (고용유지조치기간 중 임금 보전을 위하여 지급한 금품 총액×지원율)		(원)	
	계좌번호		은행	(예금주:)

① 고용유지조치기간 중 임금보전을 위해 지급한 금품 총액 :

사업주가 휴업기간 근로자에게 지급한 임금

② 지원율: 기본급의 00% 또는 통상임금의 00%, 평균임금의 00%

③ 지원금 신청액: 00만 원(2/3)

2) 휴업 실시자 명부(일자별)

	일자	1	2	3	4	5	6	7	8	9	10	11	12	13	14	15	16	
홍길동	근무		8	8	8	8				8	8	8	8				8	5일간 (36시간)
	휴업						8							8				
	일자	17	18	19	20	21	22	23	24	25	26	27	28	29	30	31		
	근무	8	8	8				8	8	8	8				8	4		
	휴업				8							8				4		

3) 휴업수당 산출내역

① 휴업직전 3개월의 임금과 직전년도 1년간의 연차수당 및 상여금을 토대로 적용할 휴업급여 산출(기본임금, 통상임금, 평균임금 중 적용 결정)

② 산출된 내용에서 1일 급여와 시급을 산출

③ 휴업일수에 1일 급여를 곱해서 산출하거나, 휴업시간에 시급을 곱해서 산출하시면 됩니다.

4) 휴업수당 신청 연장근로 확인서

① 연장+휴일근로시간현황(휴업실시 월의 현황 기재)

연 번	근로자 성명	연장+휴일근로시간 총계	연장+휴일근로수당 합계
01			
02			
03			
합 계			

② 휴업실시 월의 총 연장 및 휴일근무시간: 40시간(총 5일)

③'22년 5월(휴업을 실시한 월) 월급 지급일시:

5) 신청 월 해당근로자에 대한 임금대장을 준비하셔야 합니다.

6) 전체근로자 월급 입금내역(휴업수당 포함)이 임금대장상의 금액과 동일한 내용을 인터넷뱅킹 자료 또는 통장이체내역 등을 준비하시면 됩니다.

7) 전체근로자 출퇴근기록은 전자식 근태관리내역(출퇴근카드 등)을 요구하나 전자식이 없다면 고용유지조치가 들어가기 전에 노동부 관계자와 어떤 자료로 대체해야 하는지 협의하시는 것이 좋습니다.

8) 생산량·매출액 관련서류 등 고용조정이 불가피한 사업주임을 증명하는 서류로 "전자세금계산서매입매출현황표"를 국세청에서 발급받아 제출하시면 됩니다.

9) 휴업수당 신청에 따른 확인서

휴업수당 신청에 따른 확인서('22년   월분)

1. 고용유지조치(휴업)기간('22..   ~'22..) 및 이후 1개월 동안

   가. 휴업 대상 근로자는 모두 고용보험 피보험자입니까?

   ⇒ 네, 모두 피보험자입니다 (자필 작성:_____)

   나. 근로자를 이직시키거나 권고사직, 회사사정에 의한 감원 사실이 있습니까?

   ⇒ 아니요, 없습니다 (자필 작성:_____)

   예외) 이름 (퇴사일, 사유):_____

   예외사유) 자진퇴사, 정년, 계약만료 등

   다. 신규 채용한 사실이 있습니까? (외국인 근로자, 일용직, 아르바이트 포함)

   ⇒ 아니요, 없습니다 (자필 작성:_____)

   이하 생략

※ 위와 같이 답변은 사업주가 자필로 작성하셔야 합니다.

10) 고용유지조치 실시 사실 확인서는 해당란에 체크(✓)

고용유지조치 실시 사실 확인서

☐ 고용유지지원금의 지원요건을 확인하기 위해 아래 사항을 확인하고자 하오니, **해당 부분(예, 아니오)에 진하게 체크표시(✓)해** 주시기 바랍니다.

확 인 사 항	예	아니오
○ 제출된 고용유지조치(휴직,휴업) 계획서 및 변경신청서에 의거 고용유지조치를 실시하였습니다.	✓	
○ 고용유지조치 변경 계획서는 변경시작일 전일까지 제출하였습니다.	✓	
○ 고용유지조치 대상자가 고용유지조치 기간 중 사업장에 출근하지 않았으며 재택근무 등 사업장 일을 수행한 사실이 없습니다.	✓	

~이하생략~

11) 고용유지조치 관련 유의사항 안내 (서명 후 제출)

〈 고용유지지원금 관련 유의사항 안내 〉

○ 고용보험법시행령 제19조 내지 제21조 규정에 의하여 귀 사업장에서 제출하신 고용유지조치계획서에 의해 고용유지조치(휴업, 유급(무급)휴직, 훈련 등)를 실시하는 경우에는 고용유지지원금이 지급됩니다.

○ 다만, 다음에 열거하는 항목들을 반드시 숙지하여 지원금을 받지 못하는 불이익이 없도록 하시기 바랍니다.

● 고용유지조치 계획 신고서가 접수되었다고 반드시 지원금이 지급되는 것은 아니며 추후 지원금 신청서를 제출하면 관련 법령 준수 및 계획 이행 여부 등을 검토하여 지원금 지급 여부를 결정하게 됩니다.

① 이직발생 여부를 기준으로 고용유지조치기간 동안의 계속 고용여부를 판단하므로 고용유지조치 기간과 이후 1개월 동안 감원 여부를 반드시 신고하여야 합니다. (감원방지기간으로 지원되지 않음)

※ 예시 21.3.1.~ 21.6.30.까지 고용유지조치를 실시할 경우 고용유지조치기간: 21.3.1~ 21.6.30. (고용유지조치 실시 첫날부터 마지막 날까지의 기간을 의미) 감원방지기간: 21.3.1~ 21.7.31 (.고용유지조치기간과 이후 1개월)

- 중간 생략 -

기타 의문사항이 있을시 고용안정사업담당자에게 문의하시기 바랍니다.

작성일	21. . .	사업장명		사업주(성명)		인, 서명

24. 사회적 기업

(1) 사회적 기업의 정의

사회적 기업육성법 제2조 제1항 "사회적 기업"이란 취약계층에게 사회서비스 또는 일자리를 제공하거나 지역사회에 공헌함으로써 지역주민의 삶의 질을 높이는 등의 사회적 목적을 추구하면서 재화 및 서비스의 생산·판매 등 영업활동을 하는 기업으로서 제7조에 따라 인증받은 자를 말한다고 정의되어 있습니다.

(2) 준비서류

1) 사회적 기업 인증신청서

2) 비영리법인, 협동조합 등 조직형태 입증서류

3) 취약계층, 근로시간 등을 기입한 유급 근로자 명부

4) 사회적 목적 실현 판단기준 충족여부 입증서류

5) 이해 관계자 참여 의사결정구조 입증서류

6) 영업활동을 통한 수입기준 충족 여부 입증서류

7) 정관 또는 규약

(3) 준비서류에 대한 세부내용

1) 조직형태를 입증할 수 있는 각종 서류

법인 또는 비영리단체 등이 가능한데 이에 대한 서류로는 법인 등기사항 증명서, 주주명부, 근로자 명부(회원명부), 민간단체인 경우 등록증 등을 준비하시면 됩니다.

2) 유급근로자 고용여부를 판단하기 위한 서류

근로자고용정보현황조회(4대 보험가입자명부 등), 고용보험 상실신고서, 근로계약서, 고용보험 사업장 자격 취득자 명부, 유급근로자 명부 등을 준비하면 됩니다.

> 신청기업은 신청일 기준 전월말 기준 1명 이상의 유급근로자를 고용해야 하며, 사회실현 유형중 일자리제공형은 3명 이상(6개월 평균, 영업활동이 6개월 미만인 경우에는 그 기간의 평균)을 고용하여야 한다. 대표자 또는 배우자의 직계 존비속은 인원수에서 제외한다.

3) 사회적 기업 목적 실현 요건 증빙서류

일용근로소득 지급명세서, 기타 근로자 복지제공관련 서류, 사업수행증빙서류 등을 준비해야 합니다.

① 가구 월평균 소득이 전국 가구 월평균 소득의 100분의 60 이하인 사람: 근로소득원천징수영수증, 수급자증명서, 복지대상자 급여 신청결과 통보서, 건강보험료 납입고지서

② 만55세 이상 고령자인 경우 주민등록증, 운전면허증 사본 등

③ 장애인인 경우 장애인 복지카드, 장애인증명서, 장애진단서 등을 구비합니다.

4) 이해관계자 의사결정구조 요건 구비서류

근로자대표 선출동의서, 이사회명부, 이사회회의록 등을 준비해야 합니다.

① 기업의 정관 또는 규약에 다양한 이해관계자가 주된 의사결정기구에 참여하도록 내용이 명시되어 있는지

② 인증신청월 직전 6개월 이내에 최소 1회 이상 의사결정기구의 회의

개최 실적이 있는지 검토

③ 민법에 따른 법인, 조합, 상법에 따른 회사, 합자조합, 특별법에 따라 설립된 법인은 관련 법령상 의결권이 있는 이사회를 주된 의결결정 기구로 하고 특별법에 따라 등록된 비영리단체 등은 정관, 규약 등에 규정된 의사 결정기구를 인정합니다.

④ 의사결정기구는 최소 3인 이상으로 구성하고, 사회적 목적 실현의 유형에 관계없이 근로자대표와 외부의 이해관계자가 참여하도록 합니다.

5) 영업활동을 통한 수입요건 판단 증빙서류 재무제표

가결산본, 전문가확인원, 재무상태표 등을 제출하면 됩니다.

① 영업활동을 통한 수입은 재화 및 서비스공급을 통해 얻은 영업수입을 말합니다.

② 공공기관과 위탁계약을 통한 재화 및 용역제공으로 얻은 수입

③ 사업자등록상의 개업일 이후 영업기간을 기준으로 외부 전문가의 확인을 받은 객관적인 자료

④ 노무비는 근로에 대한 대가로 지급되는 성격의 임금을 말하며, 대표자 급여, 퇴직금, 제수당, 상여금, 일용인건비 등으로 지급된 비용은 모두 해당합니다.

6) 정관 또는 규약에 포함될 내용

사회적 기업 육성법에 따라 정관의 목적, 사업내용에 사회적 기업에 해당하는 내용이 포함되어야 합니다.

① 예비 사회적 기업 중 이윤배분이 가능한 조직은 지정 이후부터 이윤의 2/3 이상을 사회적 목적에 사용하여야 합니다.

② 해산 및 청산에 관한 사항에 상법상 회사, 합자조합인 경우에는 배

분 가능한 잔여재산이 있으면 잔여재산의 2/3 이상을 다른 사회적 기업 또는 공익적 기금 등에 기부한다는 내용이 포함되어야 합니다.

③ 대통령령으로 정하는 사항에 사회적 기업의 지부, 재원조달, 회계에 관한 사항이 있어야 합니다.

④ 기타 대표이사의 이력서, 개인정보수집 이용제공동의서, 정부 등 지원사항 확인서가 있다면 함께 제출해야 합니다.

(4) 사회적 기업에 대한 지원(이점)

1) 사업개발비 지원

① 기술개발, R&D, 홍보 및 마케팅 등 경영능력 향상을 위한 사업비 지원

② 지원한도: 연간 1억 원(예비 사회적 기업, 사회적 협동조합, 마을기업, 자활기업 5천만 원), 최대 3억 원이 지원됩니다.

③ 자부담: 지원회차에 따라 총사업비의 일정비율 이상을 자부담하게 됩니다. (자부담 비율: 1회차 10%, 2회차 20%, 3회차 30%)

2) 사회적 보험료 지원

사업주가 부담하는 4대 보험료 일부에 대해 4년간, 최대 50인 한도로 지원합니다.

3) 경영지원

① 성장단계에 따라 지원주제, 내용, 컨설팅기관 매칭방식 등을 다양화하여 맞춤형 지원을 하고 있습니다.

② 지원한도: 총 5회 지원(연간 1회 한정), 예비 사회적 기업은 연간 1천만 원 이내로 지원합니다.(표준형: 3백만~1천만 원, 자율형: 지원금액 제한 없음)

③ 기존 기초컨설팅은 기초 경영지원사업으로 개편, 분리합니다.

④ 자부담은 신청(계약) 금액에 따라 금액 구간별 10~40% 부담합니다.

4) 공공기관 우선구매

① 사회적 기업이 생산하는 생산품이나 서비스의 우선 구매하도록 권고하고 있습니다.

② 국가기관, 자치단체, 공공기관 등 843개소(19년도기준)를 대상으로 합니다.

※ 관련근거: 중소기업구매촉진 및 판로지원에 관한 법률

5) 시설비 지원

① 사회적 기업의 설립, 운영에 필요한 부지 구입비, 시설비 등 지원하고 융자도 해 줍니다.

② 국·공유지 임대 등 지원하거나 국·공유지 임대 등을 지원합니다.

③ 미소금융, 중소기업 정책자금, 희망드림론 협약보증, 사회적 기업 상시 특별보증, 사회적 기업 정책성 특례보증 등을 통해 지원합니다.

6) 세제지원제공

① 법인세, 소득세 3년간 100% 지원, 그 후 2년간 50% 감면합니다.

② 취득세, 등록세 50% 감면, 재산세 25% 감면합니다.

③ 개인지방소득세 3년간 100% 지원, 그 후 2년간 50% 감면합니다.

④ 사회적 기업이 제공하는 의료보건 및 교육 용역에 대하여 부가가치세가 면제됩니다.

7) 재정지원

① 시설비 등의 지원

국가 및 지방자치단체는 사회적 기업의 설립 또는 운영에 필요한 부지 구입 용하게 할 수 있습니다.

② 사업개발비 지원

1. 사업개발비의 연간 지원한도 금액은 사회적 기업 1억, 예비 사회적 기업 5천만 원 이내입니다.

2. 지원 기간은 12개월 이내이며, 다만, 산정시기, 신청 항목의 특성을 고려하여 회계연도 연속 체결이 가능합니다.

3. 최대 지원금액은 3억 원입니다.

③ 일자리 창출 사업의 시행

1. 일자리 창출 사업의 지원을 받을 수 있는 기간은 지원 개시일부터 12개월을 원칙으로 하며, 사업 참여기업이 일자리 창출 사업을 통해 지원받을 수 있는 기간은 최대 5년으로 합니다.

2. 최저임금 수준의 참여 근로자 인건비와 사업주가 부담하는 4대 보험료의 일부가 지원되며, 일자리 창출 사업 참여 연차별로 지원 비율이 적용됩니다.

④ 전문 인력 지원 사업의 시행

1. 사회적 기업은 기업 당 2명(단, 유급근로자 수가 50명 미만인 기업은 3명), 예비 사회적 기업은 1명을 한도로 합니다. 다만, 지원인원 한도를 모두 채용한 사회적 기업이나 상시근로자 15명 이상 예비 사회적 기업이 고령자를 채용할 경우 1명 추가 지원이 가능합니다.

2. 월 200만 원(또는 250만 원)을 한도로 예비 사회적 기업은 2년간, 사회적 기업은 3년간 인건비 일부를 지원하되 전문 인력에게 지급하는 급여의 일정 부분은 사업 참여기업이 자부담합니다.

3. 지원 기간은 지원 개시일로부터 12개월입니다.

⑤ 공공기관 우선 구매 제도의 시행

　　사회적 기업 생산품과 서비스를 공공기관에서 우선적으로 구매
토록 함으로써 사회적 기업의 판로를 지원하고 자생력을 고취하기
위한 제도를 말합니다.

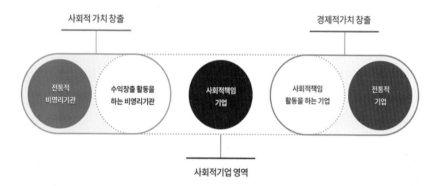

25. 개인정보보호 및 처리절차

(1) 개인정보 정의

「개인정보보호법」에서 정의하는 개인정보는 살아 있는 개인에 관한 정보로 아래에 해당하는 개인정보를 말합니다.

1) 성명, 주민등록번호 및 영상(사진, 동영상 등) 등을 통하여 개인을 알아볼 수 있는 정보 일체를 말합니다.

2) 해당 정보만으로는 특정 개인을 알아볼 수 없더라도 다른 정보와 쉽게 결합하여 알아볼 수 있는 정보도 개인정보에 해당합니다.
   가령 출신학교, 태어나 성장한 곳, 직업 등 유추하여 확인이 가능한 정보들로 특정개인을 식별할 수 있는 정보들을 말합니다.

3) 1번항 또는 2번항을 가명 처리함으로써 원래의 상태로 복원하기 위한 추가 정보의 사용, 결합 없이는 특정 개인을 알아볼 수 없는 정보를 가명정보라고 합니다.

(2) 사업장 내에서 개인정보로 분류할 수 있는 정보

1) 개인신상 관련 서류: 이력서, 등본, 근로계약서, 각종 자격증 등

2) 업무관련 서류: 임금대장, 임금지급명세서, 근로소득원천징수영수증

3) 기타: 직원명부, 비상연락망, 편성표 등

(3) 사업장 내에서 개인정보보호절차

1) 사업장

① 전 근로자 대상 개인정보보호법 교육 실시(연 1회 이상)

② 필요 시 개인정보보호 서약서 작성

③ 개인정보 관리를 위해 개인 식별이 가능한 자료(서류)에 대해서는 별도의 시건장치가 있는 서류함에 보관

④ 근로자에 대해서는 개인정보 수집·이용 및 제3자 동의서 작성

2) 근로자

① 회사에 꼭 필요한 정보만 제공

가령 주민등록 등본을 제출할 경우 건강보험 피부양자 신청 등의 요구사항이 없다면 가족들의 성명 또는 주민번호 뒷번호에 대해 비공개를 설정하는 것도 개인정보를 보호할 수 있는 방법이 될 것입니다.

② 다른 근로자들의 개인정보가 수록된 자료를 유출해서는 안 됩니다.

③ 불필요한 자료(개인정보가 수록된 자료)에 대해서는 사업장에 반납 또는 파기하여야 합니다.

(4) 사업자 개인정보보호 수칙

1) 접근권한 관리

고객의 개인정보를 처리하는 개인정보 처리자는 업무 목적에 따라 개인정보처리시스템에 대한 접근 권한을 최소화하고, 인가되지 않은 자의 접근을 원천적으로 차단합니다.

2) 비밀번호 관리

고객정보가 위험에 노출되지 않도록 개인정보처리시스템 등에 대한 비밀번호를 안전하게 설정해야 합니다.

비밀번호는 영문, 숫자의 조합 및 구성에 따라 최소 8자리 이상(알파벳 대소문자, 특수문자, 숫자 등 두 종류 이상의 문자를 이용) 또는 10자리 이상(하나의 문자종류로 구성)의 길이로 구성해야 안전합니다.

3) 접근통제 시스템 설치 및 운영

네트워크를 통한 개인정보처리시스템의 불법적인 접근 및 침해사고방지를 위해 비인가자의 접근을 차단할 수 있는 접근통제 시스템을 설치 및 운영해야 합니다.

4) 암호화 등의 보호 조치

개인정보취급자의 실수 또는 해커의 공격 등으로 인해 개인정보가 비인가자에게 유·노출되더라도 주요내용을 확인할 수 없도록 암호화하여 관리해야 합니다.

5) 접속기록 보관 및 관리

개인정보처리시스템에 대한 불법적인 접근 또는 행동을 확인할 수 있도록 개인정보취급자 등이 개인정보처리시스템에 접속하여 수행한 업무내역을 보관 및 관리해야 합니다.

6) 보안 프로그램 설치 및 운영

악성프로그램 등을 통한 고객정보의 손상, 유출을 방지하기 위해 백신과 같은 보안 프로그램을 설치하고 주기적으로 점검해야 합니다.

7) 개인정보 수집, 이용 동의 획득

고객의 개인정보를 수집 및 이용하고자 할 때에는 수집하는 항목, 이용기간 및 목적 등 법령에서 정한 사항을 알리고 동의 받아야 합니다.

다만, 주민번호 등은 법령에서 구체적으로 처리를 허용하는 경우가 아니면 원칙적으로 수집이 금지되므로 대체수단을 활용하여 고객 본인확인을 해야 합니다.

8) 개인정보처리방침 작성 및 공개

개인정보처리자는 개인정보의 처리 목적, 처리 및 보유 기간, 제3자 제공 사항, 파기절차 및 방법, 위탁 사항, 정보주체의 권리 행사 방법 등에 대한 개인정보처리방침을 마련하고, 정보주체가 쉽게 확인할 수 있도록 홈페이지 또는 게시판 등에 공개해야 합니다.

9) 불필요한 개인정보 파기

고객의 개인정보는 보유기간이 경과하거나 처리 목적 달성 등 개인정보가 불필요하게 되었을 때 지체 없기 파기해야 합니다. 개인정보를 파기할 때는 복구 또는 재생되지 않도록 해야 합니다.

10) 위탁업체 관리 감독

서비스 제공을 위해 제3자에게 개인정보의 처리 업무를 위탁하는 경우에는 수탁자가 위탁업무 목적 외에는 개인정보를 처리할 수 없도록 하는 금지에 관한 사항, 개인정보의 기술적 및 관리적 보호조치에 관한 사항을 문서에 포함하여야 합니다. 또 개인정보가 분실·도난·유출·위조·변조 또는 훼손되지 않도록 수탁자를 교육 및 관리 감독해야 합니다.

이외에도 개인정보에 해당하는 것은 주소, 생년월일, 전화번호는 물론이고 그밖에도 바이오정보, 신용정보, 계좌번호, 진료기록부, 개인위치정보, 유전자검사정보, 범죄경력정보 등 다양한 개인을 특정 지을 수 있는 자료들이 개인정보에 포함됩니다.

상기의 자료들은 별도의 시건장치가 있는 곳에 보관하거나 PC에 보관할 경우 암호를 걸어 안전하게 보관해야 합니다. 또한 상기내용이 포함된 이면지는 세절하거나 파쇄, 소각하여 처리하는 것이 좋습니다.

(5) 개인정보이용 및 제3자동의서(서식)

개인정보수집·이용 및 제3자 제공동의서

성명:　　　　　　　　　　　소속:
주식회사인사노무행정(이하 "회사"라 칭함)은 개인정보보호법 등 현행 관계 법령을 준수하며, 근로자의 개인정보보호에 최선을 다하고 있습니다. 이에 개인정보보호법 제15조와 제22조에 근거하여, 정보 수집 및 이용에 대한 동의를 받고 있습니다. 근로자는 아래 항목 동의에 대해 거부할 권리가 있으며, 미동의시 회사 규정 및 관계 법령에 따라 불이익을 받을 수 있음을 알려드립니다.

1. 수집 및 이용에 대한 동의

구분	내역
수집하는 개인정보 항목	성명, 성별, 생년월일, 사진, 주소, 이메일, 연락처, 학력사항(학교, 기간, 전공, 학점), 경력사항 (근무처, 기간, 직위, 업무), 병역사항(군번, 군별, 병과, 계급, 복무기간, 미필사유), 가족사항 (가족관계, 성명, 연령, 학력, 직업, 연락처, 동거여부), 기타사항 (혼인여부, 보훈대상여부, 자격, 면허, 외국어 및 컴퓨터 능력, 신장, 체중, 시력, 혈액형, 특기, 취미 등)
수집하는 민감정보 항목	건강 (장애, 병력), 범죄, 종교
수집하는 고유식별정보 항목	주민등록번호, 운전면허번호, 여권번호, 외국인 등록번호
개인(민감, 고유식별) 정보수집 및 이용 목적	인사관리 및 4대 보험 처리, 개인식별 및 직무적합 판단, 세무관리 및 지원금 신청 등

개인(민감, 고유식별) 정보 보유 및 이용 기간	해당 업무 진행기간 동안 보유(이용) 후, 법령에 따라 보존해야 하는 의무가 존재하지 않을 때 해당 정보 파기
개인(민감, 고유식별) 정보동의 거부에 따른 불이익	인사 제도 운영 등 해당 업무 진행시 정보 부재에 따른 불이익이 발생함

▶ 개인정보 수집 및 이용에 대해 동의하십니까?   ☐ 동의함   ☐ 동의하지 않음

▶ 민감정보 수집 및 이용에 대해 동의하십니까?   ☐ 동의함   ☐ 동의하지 않음

▶ 고유식별정보 수집 및 이용에 대해 동의하십니까?   ☐ 동의함   ☐ 동의하지 않음

2. 제3자 제공에 대한 동의

구분	내역
제공받는 자	국세청 (세무서), 관공서 (고용노동부, 건강보험, 국민연금, 근로복지공단 외) 금융기관, 여행(항공)사, 통합정보시스템, 각종 교육기관 및 기타 위탁업체
제공받는 자의 이용목적	연말정산, 퇴직급여 운용, 출장비 등 외화 환전 4대 보험 처리, 정부 지원금 신청, 해외출장(연수) 지원, 사외 위탁 교육 등
제공하는 항목	개인정보, 민감정보, 고유식별정보 중 해당 업무 이용목적에 부합하는 정보
제공받는 자의 보유 (이용)기간	해당 업무 진행기간 동안 보유(이용) 후, 법령에 따라 보존해야 하는 의무가 존재하지 않을 때 해당 정보 파기
동의 거부에 따른 불이익	해당 업무 진행시 정보 부재에 따른 불이익이 발생함

▶ 제3자에게 제공하는 것에 대해 동의하십니까?   ☐ 동의함   ☐ 동의하지 않음

2022년   월   일

동의자: (서명 또는 날인)

주식회사인사노무행정   귀하

(6) 개인정보보호법 위반 처벌(과태료)

개인정보보호법 시행령 [별표2]의 과태료의 부과기준 중 사업장에 적용될 수 있는 부분만 발췌하였습니다.

■ 개인정보보호법 시행령 [별표 2] 〈개성 2020. 8. 4.〉

과태료의 부과기준(제63조 관련)

(단위: 만 원)

위반행위	근거 법조문	과태료 금액		
		1회 위반	2회 위반	3회 이상 위반
가. 법 제15조 제1항을 위반하여 개인정보를 수집한 경우	법 제75조 제1항 제1호	1,000	2,000	4,000
나. 법 제15조 제2항, 제17조 제2항, 제18조 제3항 또는 제26조 제3항을 위반하여 정보주체에게 알려야 할 사항을 알리지 않은 경우	법 제75조 제2항 제1호	600	1,200	2,400
다. 법 제16조 제3항 또는 제22조 제5항을 위반하여 재화 또는 서비스의 제공을 거부한 경우	법 제75조 제2항 제2호	600	1,200	2,400
라. 법 제20조 제1항 또는 제2항을 위반하여 정보주체에게 같은 항 각 호의 사실을 알리지 않은 경우	법 제75조 제2항 제3호	600	1,200	2,400
마. 법 제21조 제1항·제39조의6(제39조의14에 따라 준용되는 경우를 포함한다)을 위반하여 개인정보의 파기 등 필요한 조치를 하지 않은 경우	법 제75조 제2항 제4호	600	1,200	2,400
바. 법 제21조 제3항을 위반하여 개인정보를 분리하여 저장·관리하지 않은 경우	법 제75조 제4항 제1호	200	400	800
사. 법 제22조 제1항부터 제4항까지의 규정을 위반하여 동의를 받은 경우	법 제75조 제4항 제2호	200	400	800
아. 법 제22조 제6항을 위반하여 법정대리인의 동의를 받지 않은 경우	법 제75조 제1항 제2호	1,000	2,000	4,000
자. 법 제23조 제2항, 제24조 제3항, 제25조 제6항, 제28조의4제1항 또는 제29조를 위반하여 안전성 확보에 필요한 조치를 하지 않은 경우	법 제75조 제2항 제6호	600	1,200	2,400

차. 법 제24조의2제1항을 위반하여 주민등록번호를 처리한 경우	법 제75조 제2항 제4호의2	600	1,200	2,400
카. 법 제24조의2제2항을 위반하여 암호화 조치를 하지 않은 경우	법 제75조 제2항 제4호의3	600	1,200	2,400
타. 법 제24조의2제3항을 위반하여 정보주체가 주민등록번호를 사용하지 않을 수 있는 방법을 제공하지 않은 경우	법 제75조 제2항 제5호	600	1,200	2,400
파. 법 제25조 제1항을 위반하여 영상정보처리기기를 설치·운영한 경우	법 제75조 제2항 제7호	600	1,200	2,400
하. 법 제25조 제2항을 위반하여 영상정보처리기기를 설치·운영한 경우	법 제75조 제1항 제3호	1,000	2,000	4,000
거. 법 제25조 제4항을 위반하여 안내판 설치 등 필요한 조치를 하지 않은 경우	법 제75조 제4항 제3호	200	400	800
너. 법 제26조 제1항을 위반하여 업무 위탁 시 같은 항 각 호의 내용이 포함된 문서에 의하지 않은 경우	법 제75조 제4항 제4호	200	400	800
더. 법 제26조 제2항을 위반하여 위탁하는 업무의 내용과 수탁자를 공개하지 않은 경우	법 제75조 제4항 제5호	200	400	800
러. 법 제27조 제1항 또는 제2항을 위반하여 정보주체에게 개인정보의 이전 사실을 알리지 않은 경우	법 제75조 제4항 제6호	200	400	800
머. 법 제28조의4제2항을 위반하여 관련 기록을 작성하여 보관하지 않은 경우	법 제75조 제4항 제6호의2	200	400	800
버. 법 제28조의5제2항을 위반하여 개인을 알아볼 수 있는 정보가 생성되었음에도 이용을 중지하지 않거나 이를 회수·파기하지 않은 경우	법 제75조 제2항 제7호의2	600	1,200	2,400
서. 법 제30조 제1항 또는 제2항을 위반하여 개인정보 처리방침을 정하지 않거나 이를 공개하지 않은 경우	법 제75조 제4항 제7호	200	400	800
어. 법 제31조 제1항을 위반하여 개인정보보호책임자를 지정하지 않은 경우	법 제75조 제4항 제8호	500		
저. 법 제32조의2제6항을 위반하여 인증을 받지 않았음에도 거짓으로 인증의 내용을 표시하거나 홍보한 경우	법 제75조 제2항 제7호의3	600	1,200	2,400
처. 법 제34조 제1항을 위반하여 정보주체에게 같은 항 각 호의 사실을 알리지 않은 경우	법 제75조 제2항 제8호	600	1,200	2,400

커. 법 제34조 제3항을 위반하여 조치 결과를 신고하지 않은 경우	법 제75조 제2항 제9호	600	1,200	2,400
터. 법 제35조 제3항을 위반하여 열람을 제한하거나 거절한 경우	법 제75조 제2항 제10호	600	1,200	2,400
퍼. 법 제35조 제3항·제4항, 제36조 제2항·제4항 또는 제37조 제3항을 위반하여 정보주체에게 알려야 할 사항을 알리지 않은 경우	법 제75조 제4항 제9호	200	400	800
허. 법 제36조 제2항을 위반하여 정정·삭제 등 필요한 조치를 하지 않은 경우	법 제75조 제2항 제11호	600	1,200	2,400
고. 법 제37조 제4항을 위반하여 처리가 정지된 개인정보에 대하여 파기 등 필요한 조치를 하지 않은 경우	법 제75조 제2항 제12호	600	1,200	2,400
노. 법 제39조의3제3항(제39조의14에 따라 준용되는 경우를 포함한다)을 위반하여 서비스의 제공을 거부한 경우	법 제75조 제2항 제12호의2	600	1,200	2,400
도. 법 제39조의4제1항(제39조의14에 따라 준용되는 경우를 포함한다)을 위반하여 이용자·보호위원회 및 전문기관에 통지 또는 신고하지 않거나 정당한 사유 없이 24시간을 경과하여 통지 또는 신고한 경우	법 제75조 제2항 제12호의3	600	1,200	2,400
로. 법 제39조의4제3항을 위반하여 소명을 하지 않거나 거짓으로 한 경우	법 제75조 제2항 제12호의4	600	1,200	2,400
모. 법 제39조의7제2항(제39조의14에 따라 준용되는 경우를 포함한다)을 위반하여 개인정보의 동의 철회·열람·정정 방법을 제공하지 않은 경우	법 제75조 제2항 제12호의5	600	1,200	2,400
보. 법 제39조의7제3항(제39조의14에 따라 준용되는 경우와 제27조에 따라 정보통신서비스 제공자등으로부터 개인정보를 이전받은 경우를 포함한다)을 위반하여 필요한 조치를 하지 않은 경우	법 제75조 제2항 제12호의6	600	1,200	2,400
소. 법 제39조의8제1항 본문(제39조의14에 따라 준용되는 경우를 포함한다)을 위반하여 개인정보의 이용내역을 통지하지 않은 경우	법 제75조 제2항 제12호의7	600	1,200	2,400
오. 법 제39조의9제1항을 위반하여 보험 또는 공제 가입, 준비금 적립 등 필요한 조치를 하지 않은 경우	법 제75조 제3항 제1호	400	800	1,600

조. 법 제39조의11제1항을 위반하여 국내대리인을 지정하지 않은 경우	법 제75조 제3항 제2호	2,000		
초. 법 제39조의12제2항 단서를 위반하여 같은 조 제3항 각 호의 사항 모두를 공개하지 않거나 이용자에게 알리지 않고 이용자의 개인정보를 국외에 처리위탁·보관한 경우	법 제75조 제3항 제3호	400	800	1,600
코. 법 제39조의12제4항(같은 조 제5항에 따라 준용되는 경우를 포함한다)을 위반하여 보호조치를 하지 않은 경우	법 제75조 제2항 제12호의8	600	1,200	2,400
토. 법 제63조 제1항에 따른 관계 물품·서류 등 자료를 제출하지 않거나 거짓으로 제출한 경우	법 제75조 제4항 제10호			
1) 자료를 제출하지 않은 경우		100	200	400
2) 자료를 거짓으로 제출한 경우		200	400	800
포. 법 제63조 제2항에 따른 출입·검사를 거부·방해 또는 기피한 경우	법 제75조 제4항 제11호	200	400	800
호. 법 제64조 제1항에 따른 시정명령에 따르지 않은 경우	법 제75조 제2항 제13호	600	1,200	2,400

※ 주차장 CCTV 영상 확인 가능할까

1. 주차장에서 자신의 차가 파손됐을 경우 차량이 주차되어 있던 시간에 한하여 차량파손을 확인하는데 필요한 파손된 차량주변이 찍힌 영상정보 열람을 요청할 수 있다.
2. 정보주체는 자신의 영상정보를 열람 청구하여 확인할 수 있으며, 타인이 포함된 영상정보는 해당 영상정보주체의 주소 불명 등으로 동의를 얻을 수 없는 경우로 정보주체의 급박한 생명, 신체, 재산 상 이익을 위하여 필요한 경우에 한해서 열람할 수 있다.
3. 다만, 그 범위는 필요 최소한도로 제한되며 영상정보처리기기(CCTV) 운영자나 개인정보처리자는 관련 영상을 먼저 확인한 후 해당 부분에 대해서만 열람시켜주는 것이 바람직하다.

26. 감시·단속적 근로의 적용 제외

(1) 감시·단속적 근로자

1) 감시석 근로자

'감시적 근로에 종사하는 자'란 감시업무를 주업무로 하여 상태적으로 정신적·육체적 피로가 적은 업무에 종사하는 자를 말합니다.

2) 단속적 근로자

근로의 형태가 간헐적·단속적으로 이루어져 휴게시간 또는 대기시간이 많은 업무에 종사하는 자를 말합니다.

(2) 감시·단속적 근로 대상

1) 감시적 근로에 종사하는 자

수위·경비원·물품감시원

2) 감시적 근로에 종사하는 자

전용 운전원·기계수리공·전기 수리공·보일러공·취사부·화물적하 종사자

(3) 감시·단속적 근로자의 임금

1) 휴게시간을 제외한 실근로일수 및 실근로시간을 적용하여 산출하여야 합니다.

2) 연장근로에 대한 가산수당은 발생하지 않습니다. 다만, 연장근로에 대해서는 초과근로시간에 대해서는 시급의 100%를 적용해야 합니다.

3) 감시·단속적 근로자의 경우 주휴수당은 별도로 지급하지 않아도 됩니다.

4) 휴일근로에 대한 가산수당은 발생하지 않습니다.

5) 야간근로에 대해서는 야간근로가산수당 50%를 적용해야 합니다.

※ 노동부 승인을 받지 않은 감시·단속적 근로는 최저임금의 100%를 지급하여야 합니다.

(4) 감시·단속적 근로 적용 제외 신청 준비서류

1) 감시·단속적 근로 종사자에 대한 적용 제외 승인 신청서

① 감시적 근로 종사자인지, 단속적 근로 종사자인지를 체크(✔)

┌ □ 감시적 ┐ 근로종사자에 대한 적용제외승인신청서	처리기간
└ □ 단속적 ┘	10일

② 신청사업장 정보를 기재하시면 됩니다.

신청인	①사 업 장 명		②사업의 종류	
	③대표자 성명		④주민등록번호	
	⑤근 로 자 수		⑥전화번호	
	⑦소 재 지			

③ 감시적 단속적 근로 신청내용을 기재하시면 됩니다.

신청내용	⑧종사 업무							
	⑨근로자수	감시적 근로	계 명		남 명		여 명	
		단속적 근로	계 명		남 명		여 명	
	⑩근로의 형태	감시적 근로						
		단속적 근로						

2) 확인서(근로자 및 사업주 서명)

① 사업장 정보

사업장명		업종(주생산품)	
대표자 성명		주민등록번호	
소재지			
근로자수	계: 명 / 남 명, 여 명 (노동조합원 명)		

② 주요 근로조건

임금	월평균: 원	최고: 원 최저: 원		
평균 근로 시간	주 시간 / 월 일	1교대 시업: 종업: 2교대 시업: 종업: 3교대 시업: 종업:		
휴게 시간	1교대제: 시간 2교대제: 3교대제:	연간	휴일: 일 휴가: 일	

③ 인가대상자의 근로조건

직종별	남녀별 인원수	월평균 임금	주평균 근로시간	일 휴게시간	근로형태
	남: 여:	원	시간	시간	
	남: 여:	원	시간	시간	

3) 해당 근로자 명부

해당 근로자 명부

사업장	이름	주소	전화번호

확인자: 직책   성명   (인)

4) 동의·확인서(개별 근로자/감시적 근로자)

① 동의 및 확인자 인적사항 기재

동의·확인서(개별 근로자/감시적 근로)

성   명:

주   소:

주민등록번호:

소속 및 직책:

---

② 감시적 근로에 종사하는 자에 대한 적용 제외 승인 기준 해당 여부 확인

승인 요건	근로자 확인 (O, X로 표기)	
	적합	부적합
1. 수위·경비원·물품 감시원 또는 계수기 감시원 등과 같이 심신의 피로가 적은 노무에 종사하는 경우. 다만, 감시적 업무이기는 하나 잠시도 감시를 소홀히 할 수 없는 고도의 정신적 긴장이 요구되는 경우는 제외됨		
2. 감시적인 업무가 본래의 업무이나 불규칙적으로 단시간 동안 타 업무를 수행하는 경우. 다만, 감시적 업무라도 타 업무를 반복하여 수행하거나 겸직하는 경우는 제외됨		
3. 사업주의 지배하에 있는 1일 근로시간이 12시간 이내인 경우 또는 다음 각목의 1에 해당하는 격일제(24시간 교대) 근무의 경우 가. 수면시간 또는 근로자가 자유로이 이용할 수 있는 휴게시간이 8시간 이상 확보되어 있는 경우 나. 가목의 요건이 확보되지 아니한 공동주택 경비원에 있어서는 당사자 간의 합의가 있고 다음날 24시간의 휴무가 보장되어 있는 경우		

5) 신청 전 일주일분 근무일지 사본

상기 본인은 (사업장명: 주식회사0000)의 근로자로서 위와 같은 근로 조건 하에 격일제(24시간 교대제) 근무를 함에 있어 그 업무가 일반적 업무보다 노동 강도가 약하기 때문에 근로기준법 제61조 제3호에 정한 감시적 근로자 적용 제외 대상에 해당되어 당사의 적용 제외 신청에 동의함을 확인합니다.

2022년   00월   00일

성명   (인)

6) 신청 전 1개월분 임금대장

감시·단속적 근로 적용 제외 대상자의 개시 전 1개월의 임금대장의 사본을 제출하시면 됩니다.

7) 근로계약서 사본

감시적 단속적 근로 적용 제외 대상자들의 근로계약서 사본을 제출하시면 됩니다.

8) 휴게시설, 근무장소 등 사진

감시적 단속적 근로 적용 제외 대상 근로자들이 근무하는 장소에 휴게시설, 근무장소 내외부 사진을 제출하셔야 합니다.

※ 대체적으로 위의 서류들이 필요하지만 관할 지방노동청에 따라 서류는 달라질 수도 있습니다. 감시·단속적 근로 적용 제외 승인신청 시 사전에 관할 지방노동청 근로감독관에게 필요한 서류를 확인하는 것도 좋은 방법이라 생각합니다.

※ 해당 노동자가 감시·단속적 노동자로서 근로시간, 휴게, 휴일 규정의 적용이 제외된다는 것을 알 수 있도록 근로계약서, 확인서 등에 명시하여여 합니다.

(5) 승인 신청 후 관할노동청 현장 실사

1) 사업장 현지출장을 통한 노동조건 실태 확인

2) 근로자 면담을 통해 감시·단속적 근로 시행이 되고 있는지, 휴일, 휴게시간 등 규정의 적용이 제외된다는 사실을 알고 있는지 여부를 확인합니다.

3) 근무 장소, 휴게시설(또는 수면시설) 등이 갖추어져 있는지 여부를 확인합니다.

4) 실사 후 적법하게 운영이 된다고 판단이 되면 감시·단속적 근로 종사자에 대한 적용 제외 승인하게 됩니다.

※ 감시·단속적 근로자 "근로자의 날"에 근무한 경우, 휴일근로수당을 지급여부

* 참고할 노동부 행정해석: 근로기준법 제61조에 규정된 "휴일"에 '근로자의 날'이 포함된다고 보기는 어렵다.(2005.02.04, 근로기준과-669)

[질의] [근로자의 날] 격일제 24시간 근무를 승인받은 감시·단속적 근로자의 유급휴일 부여에 관해"당일 비번자의 경우는 소정임금과 휴일근로수당 합계 200%를, 근무자의 경우는 소정임금과 휴일근로수당, 가산금 합계 250%를 지급해야 하는지" 여부

[회시] 근로기준법 제61조 제3호에 따라 감시 또는 단속적으로 근로에 종사하는 자로서 사용자가 노동부장관의 승인을 얻은 자에 대하여는 동법 제4장과 제5장에서 정한 근로시간 및 휴게·휴일에 관한 규정이 적용되지 않으므로 동법 제54조에 따른 주휴일의 경우 소정 임금 이외에 별도의 휴일근로수당이나 가산금을 지급하지 않아도 무방할 것임.

다만, '근로자의 날 제정에 관한 법률'에 따른 '근로자의 날'은 근로기준법에 의한 유급휴일로 한다고 규정하고 있는 바, 이는 '근로자의 날'의 정신을 기리고 기념하기 위한 것이므로 동 유급휴일을 근로기준법 제54조의 휴일과 같이 볼 것은 아님. 따라서, 근로기준법 제61조에 규정된 '동법 제4장과 제5장에서 정한…휴일'에 '근로자의 날'이 포함된다고 해석하기는 어려울 것이므로 귀 질의의 경우 비번자에게는 당일 소정임금(100%) 외에 유급휴일에 대한 임금 100%을, 근무자에게는 소정임금(100%) 외에 휴일근로수당 및 가산임금 150%를 각각 지급하는 것이 타당할 것으로 봄.

27. 위험성 평가

(1) 위험성 평가란

사업장의 유해·위험요인을 파악하고 해당 유해·위험요인에 의한 부상 또는 질병의 발생 가능성(빈도)과 중대성(강도)을 추정·결정하고 감소 대책을 수립하여 실행하는 일련의 과정을 말합니다.

(2) 위험성 평가 관계법령

 1) 산업안전보건법 제36조
 2) 산업안전보건법 시행규칙 제37조
 3) 사업장 위험성 평가에 관한 지침(고용노동부고시 2020.01.16.)

(3) 위험성 평가 절차

 1) 사전준비

위험성 평가 실시 규정 작성, 평가대상 선정, 평가에 필요한 각종 자료수집

 2) 유해·위험요인 파악

사업장 순회점검 및 안전보건 체크리스트 등을 활용하여 사업장 내 유해·위험요인 파악

 3) 위험성 추정

유해·위험요인이 부상 또는 질병으로 이어질 수 있는 가능성 및 중대성의 크기를 추정하여 위험성의 크기를 산출

※ 상시 근로자 수 20명 미만(총 공사금액 20억 원 미만의 건설공사)의 경우 생략

4) 위험성 결정

유해·위험요인별 위험성 추정결과와 사업장에서 설정한 허용 가능한 위험성의 기준을 비교하여 추정된 위험성의 크기가 허용 가능한지 여부를 판단

5) 위험성 감소대책 수립 및 실행

위험성 결정 결과 허용 불가능한 위험성을 합리적으로 실천 가능한 범위에서 가능한 한 낮은 수준으로 감소시키기 위한 대책을 수립하고 실행

(4) 위험성 평가 시기

1) 최소평가: 사업장 설립일로부터 1년 이내 실시

2) 정기평가

① 기계·기구, 설비 등의 기간 경과에 의한 성능 저하

② 근로자의 교체 등에 수반하는 안전·보건과 관련되는 지식 또는 경험의 변화

③ 안전·보건과 관련되는 새로운 지식의 습득

④ 현재 수립되어 있는 위험성 감소대책의 유효성 도달

3) 수시평가

① 사업장 건물의 설치·이전·변경 또는 해체

② 기계·기구, 설비, 원재료 등을 신규 도입 또는 변경

③ 건설물, 기계·기구, 설비 등의 정비 또는 보수(주기적, 반복적 작업으로서 정기평가를 실시한 경우에는 제외)

④ 작업방법 또는 작업절차의 신규도입 또는 변경

⑤ 중대산업사고 또는 산업재해(휴업이상의 요양을 요하는 경우에 한정) 발생

⑥ 그밖에 사업주가 필요하다고 판단한 경우

(5) 위험평가자료 보관

1) 위험평가표 등은 3년간 보존

2) 위험성 평가 대상의 유해·위험요인, 위험성 결정내용, 위험성 결정에 따른 조치내용 등을 포함하여 보존하여야 합니다.

(6) 위험성 평가 실시단계

1) 평가대상 공정(작업) 선정

① 생산활동 또는 지원활동을 공정 또는 작업별로 분류(매우 중요)

② 공정 또는 작업별로 산업재해나 아차사고(산업재해까지 발생하지 아니한 잠재적 사고)를 활용하여 평가 대상 및 범위를 결정

2) 위험요인의 도출

① 1단계에서 결정된 평가대상 공정 및 작업에 대해 내재하고 있는 다음의 안전 및 보건상의 위험요인 여부를 확인(육하원칙: 언제, 어디서, 무엇을, 어떻게, 왜, 하였다)

1. 사용기계·기구, 사용물질 자체의 위험요소

2. 소음, 분진, 유해물질 등 작업환경과 관련된 위험요소

3. 작업방법 및 작업 중 예상되는 근로자의 불안전한 행동

4. 안전보건관련 조직, 교육, 검사 등 일반 관리적인 결함사항

② 위험요인 확인은 가급적 작업자와 평가자가 함께 참여하는 토의방식으로 진행하되, 특히 위험에 노출되어 있는 현장근로자의 아차사고 경험 여부를 확인

3) 위험성 추정

2단계에서 파악된 안전·보건상의 모든 위험요인에 대하여 위험도
를 결정

위험성(Risk)=사고발생의 가능성(빈도)×사고결과의 중대성(강도)

※ 위험성은 사고가 발생할 경우 근로자의 부상 및 건강장해의 우려가
큰 위험요인을 위험성이 가장 높은 것으로 산정함

4) 위험성 평가

3단계에서 위험성 계산값에 따라 위험이 허용할 수 있는 범위인지
를 판단함

※ 모든 위험은 위험성이 가급적 낮은 수준으로 유지되어야 함

5) 안전대책 수립

① 개선대책을 수립할 경우 다음의 원칙을 고려하여야 함

1. 위험은 근원적으로 제거하거나 대체되어야 함
2. '산업안전기준에 관한 규칙', '산업보건기준에 관한 규칙' 등 관련
   법령에서 요구하는 법적 의무사항
3. 최근의 안전보건 이론 및 기술을 고려하여야 함
4. 안전보건기술, 작업환경, 작업조직 등이 적절히 연계되어야 함
5. 해당 위험 작업근로자 보다 전체 근로자 보호를 우선 고려함
6. 고령근로자, 임산부 등 특별한 보호가 필요한 근로자를 고려함
7. 적정한 안전보건 수칙 등 지침을 근로자에게 제공함

② 개선대책에 대해서는 관련 담당자와 조치 완료 시점을 명시하여 담
당자가 책임감을 갖고 개선토록 하며 개선대책 시행과정에서 대책
의 실효성 등을 검토 및 문제점을 보완

[참조] 위험성 평가 등급표			
강도 \ 빈도	1 (거의 발생하지 않음)	2 (주기적으로 발생)	3 (자주 발생)
1(타박상 등 발생)	1	2	3
2(중경상 등 발생)	2	4	6
3(사망사고 발생)	3	6	9

▶ (하) 일상관리(2점 이하)-위험표지 부착, 개인보호구 착용 등 일상관리 필요
▶ (중) 중점관리(3~4점)-안전시설, 장치 및 관계자 입회 등을 통한 중점관리
▶ (상) 특별관리(6점 이상)-구조검토, 계획수립, 시공미팅 등을 실시한 후 특별관리
　필요(별지) 위험도 산정방법 및 관리 기준

(예문)

주요공종		최초 위험성 평가표	결재	작성	검토	승인
작성일						
작성자						

분류	위험 요인	재해 형태	위험성 평가		위험성		예방대책	비고
			가능성 (빈도)	중대성 (강도)				
인적 요인	굴착장비 사용 전 점검 미흡에 따른 사고	충돌	2	3	상	특별관리	장비사용 전 작업계획작성 및 장비안전장치, 장비점검 등	
	장비운전자 운전미숙에 의한 충돌, 협착	충돌	2	3	상	특별관리	장비운전원의 사전 자격 확인, 교육 훈련 등	
	지게차로 자재 이동, 하역 등 작업을 하다 주변근로자를 제대로 보지 못하여 충돌	충돌	1	3	중	중점관리	건설장비작업 반경 내 접근금지 및 주변으로 신호수 배치하여 작업	
기계적 요인	자재인양작업 중 지반침하에 의한 장비의전도 등	전도	1	3	중	중점관리	견고하고 평탄한 지반에 설치 및 지내력 검사, 아웃트리거 하부 보강 등	
	스트러트빔볼트 체결누락으로 인한 부재의 변형, 탈락 등	붕괴	1	4	상	특별관리	부재 간 볼트 체결 확인, 스티프너 설치 등 조립도에 의거 하여 설치 및 육안 확인 등	
전기적 요인	절연이 불량한 공도구를 사용하다 감전	감전	1	1	하	일상관리	외함의 접지 여부 확인 및 충전부 등에 절연 조치	
	가설전선의 피복이 까져서 노출에 의한 감전	감전	1	1	하	일상관리	불량전선 교체 및 피복된 전선은 절연 처리하여 작업할 것	
	가설 분전함 오조작으로 인한 감전	감전	1	1	하	일상관리	가설 분전함은 시건장치 설치, 회로도 부착 등	

(서식) KRAS(표준 위험성 평가) 양식

(http://kras.kosha.or.kr)

담당	관리자	대표

작업공정명 :				위험성 평가							평가일시:		
세부 작업 내용	유해 위험요인 파악		관련근거 (법적기준)	현재의 안전보건 조치	위 험 성			위험성 감소대책	개선 후 위험성	개선 예정일	완료일	담당자	
	위험 분류	위험발생 상황 및 결과			가능성 (빈도)	중대성 (강도)	위험성						

(서식) 위험성 평가 실시결과표

<table>
<tr><td></td><td></td><td></td></tr>
<tr><td></td><td></td><td></td></tr>
</table>

현장명:

공정명					위 험 성 평 가						평가자:				
평가일시															
작업 내용	유해·위험요인 파악			관련근거	현장상태 및 조치	현재위험성			감소대책	개선 후	개선일	완료일	담당자	비고
	분류	원인	유해·위험 요인	법적 기준		가능성 (빈도)	중대성 (강도)	위험성		위험성				
범례	– 위험성 수준 = 가능성(빈도): 1(낮음), 2(보통), 3(높음) 중대성(강도): 1(4일미만 요양), 2(4일 이상 요양 ~ 3개월 미만 요양), 3(3개월 이상요양) – 위험성 등급 = 곱셈식(빈도*강도) A등급(9점), B등급(6점), C등급(3~4점), D등급(2점), E등급(1점)　　　　※위험성 등급 "B등급"이상 집중관리													

28. 중대재해처벌법

(1) 중대재해처벌법 개념

중대재해처벌법이란 50인 이상인 사업장에서 중대재해가 발생할 경우 사업주 또는 경영책임자에 처벌하는 법

(2) 중대산업재해 사업장 분류

1) 사망자 1명 이상 발생한 사업장

2) 동일사고로 인한 부상자 2명(전치 6개월 이상) 이상 발생한 사업장

3) 질병자가 1년 내에 3명 이상 발생한 사업장

(3) 보호대상(종사자)

1) 근로자

2) 도급, 용역, 위탁 등 계약의 형식에 관계없이 그 사업의 수행을 위해 대가를 목적으로 노무를 제공하는 자

3) 사업을 여러 차례 도급한 경우 각 단계의 수급인과 수급인의 근로자·노무제공자

(4) 중대재해에 대한 처벌 기준

1) 사망자 발생

사망자가 1명 이상 발생 시	
개인사업주 또는 경영책임자	1년 이상 징역 또는 10억 원 이하 벌금
법인 또는 기관	그 행위자를 벌하는 외에 50억 원 이하의 벌금 부과

2) 질병, 부상 발생시

사망자 외 중대재해 발생 시	
개인사업주 또는 경영책임자	7년 이하 징역 또는 1억 원 이하 벌금
법인 또는 기관	그 행위자를 벌하는 외에 10억 원 이하의 벌금 부과

3) 손해배상

개인사업주 또는 경영책임자 등이 고의 또는 중대한 과실로 안전 및 보건확보의무를 위반하여 중대재해를 발생하게 한 경우 개인사업주나 법인, 기관은 손해를 입은 사람에게 손해액의 5배내에서 배상책임을 지게 됩니다.

(5) 경영책임자의 안전 및 보건확보의무

1) 재해 예방에 필요한 안전보건관리 체계의 구축 및 이행

2) 재해 발생 시 재발방지대책의 수립 및 이행

3) 중앙행정기관·지방자치단체가 관계법령에 따라 개선 시정 등을 명한 사항의 이행

4) 안전·보건 관계 법령상 의무이행에 필요한 관리상 조치

(6) 안전보건관리체계 구축 및 이행방법

1) 안전·보건에 관한 목표와 경영방침을 정합니다.

안전·보건 목표와 경영방침을 정할 때는 구성원의 의견을 충분히 듣고, 모두가 중요성을 인식하고 함께 노력할 수 있도록 그 내용을 사업장 안에 게시하여 알립니다.

2) 안전·보건업무를 총괄·관리하는 전담 조직을 구성합니다.

전담조직은 경영책임자의 안전 및 보건의무 확보 이행을 위한 집행조직으로 안전 및 보건에 관한 컨트롤타워 역할을 할 수 있도록 구성합니다.

3) 사업 또는 사업장의 유해·위험요인을 확인하고 개선합니다.

유해·위험요인의 확인·개선은 가장 중요한 핵심 사안으로 이를 소홀히 한다면 안전보건관리체계가 갖추어졌다고 볼 수 없습니다.

① 유해·위험요인을 지속 확인하여 제거·대체·통제하는 내용의 업무절차를 마련하고 그 이행여부를 점검(반기 1회 이상)하며 필요한 조치를 합니다.

② 위험작업은 기본 안전수칙과 표준작업절차서(SOP: Standard Operatig Procedures)를 마련하고 이를 따르도록 해야 합니다.

4) 재해예방에 필요한 안전보건 인력·시설·장비를 구비하고 유해·위험요인 개선에 필요한 예산을 편성하고 집행합니다.

예산은 금전이 얼마인가가 중요한 것이 아니라 확인된 유해·위험요인의 제거·대체·통제에 필요한 예산을 편성하고, 용도에 맞게 집행하

는 것이 중요합니다.

5) 안전보건책임자 등의 업무수행을 지원합니다.

　① 안전보건관리 책임자, 관리감독자 및 안전보건 총괄책임자에게 업
　　무수행에 필요한 권한을 부여하고 필요한 예산을 배정합니다.

　② 안전보건관리 책임자 등의 충실한 업무수행을 위해 평가 기준을 마
　　련하고 반기 1회 이상 평가합니다.

6) 안전관리자, 보건관리자 등 전문인력을 배치합니다.

　산업안전보건법상 안전관리자, 보건관리자, 안전보건관리담당자 및
　산업보건의를 두어야 하는 경우에만 해당합니다.

　① 산업안전보건법상 두어야 하는 수 이상으로 배치해야 합니다.

　② 배치할 인력이 다른 업무를 겸직하는 경우 안전·보건에 관한 업무수
　　행 시간을 보장해야 합니다.

7) 종사자의 의견을 청취하고 개선방안 등의 이행 여부를 점검합니다.

　① 유해·위험요인을 가장 잘 아는 현장 종사자의 의견에 귀 기울이면 유
　　해·위험요인을 제대로 파악할 수 있고, 재해를 예방할 수 있습니다.

　② 청취한 의견이 안전보건 확보에 필요한 경우라면 개선방안을 마련
　　하고 이행여부를 반기1회 이상 점검하여 필요한 조치를 합니다.

**8) 중대재해 발생 및 급박한 위험에 대비할 매뉴얼을 마련하고 반기 1회
　이상 점검합니다.**

　① 작업 중지, 근로자 대피, 위험요인 제거 등 대응조치

　② 중대재해를 입은 사람에 대한 구호조치

　③ 추가 피해방지를 위한 조치

9) 도급, 용역, 위탁시 안전보건 확보 기준과 절차를 마련하고 반기 1회 이상 점검합니다.

제3자에게 도급, 용역, 위탁 등을 하는 경우 본인의 근로자를 포함한 전체 종사자의 안전·보건을 확보할 기준과 절차를 마련하고, 그에 따라 도급 등이 이루어지는지 점검합니다.

[기준절차]
① 수급인 등의 산재예방을 위한 조치능력과 기술에 관한 평가기준·절차
② 수급인 등의 안전·보건관리 비용에 관한 기준
③ 건설업·조선업은 안전·보건을 위한 공사기간/건조기간

29. 5인 미만 사업장

(1) 5인 미만 사업장 근로기준법 적용 제외

1) 근로기준법 적용범위(근로기준법 제11조)

제1항 이 법은 상시 5명 이상의 근로자를 사용하는 모든 사업 또는 사업장에 적용한다. 다만, 동거하는 친족만을 사용하는 사업 또는 사업장과 가사(家事) 사용인에 대하여는 적용하지 아니합니다.

2) 근로기준법 제1조 제2항

상시 4명 이하의 근로자를 사용하는 사업 또는 사업장에 대하여는 대통령령으로 정하는 바에 따라 이 법의 일부 규정을 적용할 수 있습니다.

(2) 5인 미만 사업장에 적용되는 근로기준법

1) 근로기준법 제17조(근로조건의 명시)

근로계약을 채결할 때 근로자에게 임금, 소정근로시간, 휴일, 연차유급휴가 등을 명시해야 합니다.

2) 근로기준법 제20조(위약 예정의 금지)

사용자는 근로계약 불이행에 대해 위약금 또는 손해배상액을 예정하는 계약을 채결하지 못합니다.

3) 근로기준법 제26조(해고의 예고)

사용자가 근로자를 해고하려면 적어도 30일 전에 예고해야 하며, 예고를 안 했을 경우에는 30일분 이상의 임금을 지급하셔야 합니다.

4) 근로기준법 제54조(근로시간)

사용자는 근로시간이 4시간인 경우에는 30분 이상, 8시간인 경우에는 1시간 이상의 휴게시간을 근로시간 도중에 주어야 합니다.

5) 근로기준법 제55조(휴일)

사용자는 근로자에게 1주에 평균 1회 이상의 유급휴일을 보장하여야 합니다. 즉, 주휴수당은 지급해야 합니다.

6) 근로기준법 제74조(임산부의 보호)

사용자는 임신 중의 여성에게 출산 전과 출산 후를 통하여 90일(한번에 둘 이상 자녀를 임신한 경우에는 120일)의 출산 전후휴가를 주어야 합니다. 또한, 근로기준법 외에도 5인 미만 사업장에도 적용되는 사항들이 있습니다.

(3) 5인 미만 사업장에 적용되지 않는 근로기준법

1) 최저임금법 제6조 최저임금의 적용을 받는 근로자에게 최저임금액 이상의 임금을 지급해야 합니다.

2) 근로자 퇴직급여보장 법 제4조 사용자는 퇴직하는 근로자에게 급여를 지급하기 위하여 퇴직급여 제도 중 하나 이상의 제도를 설정하여야 합니다.

3) 남녀고용평등법 제19조(육아휴직) 근로자가 육아를 위해 휴직을 신청하는 경우에 이를 허용하여야 합니다.

4) 5인 미만 사업장이 근로기준법 위반 시

5인 미만 사업장이라고 해서 근로계약서, 최저임금, 주휴수당 등 근로기준법을 어기게 되면, 3년 이하 징역 또는 2000만 원 이하 벌금을 부과하게 됩니다.

[별첨01] 근로계약서(양식)

표준근로계약서(기간의 정함이 없는 경우)

_____(이하 "사업주"라 함)과(와) _____(이하 "근로자"라 함)은 다음과 같이 근로계약을 체결한다.

1. 근로개시일: 년 월 일부터
2. 근 무 장 소:
3. 업무의 내용:
4. 소정근로시간: 시 분부터 시 분까지 (휴게시간: 시 분~ 시 분)
5. 근무일/휴일: 매주 일(또는 매일단위)근무, 주휴일 매주 요일
6. 임금
   - 월(일, 시간)급: _____원
   - 상여금: 있음 ( ) _____원, 없음 ( )
   - 기타급여(제수당 등): 있음 ( ), 없음 ( )
     · _____원, _____원
     · _____원, _____원
   - 임금지급일: 매월(매주 또는 매일) _____일(휴일의 경우는 전일 지급)
   - 지급방법: 근로자에게 직접지급( ), 근로자 명의 예금통장에 입금( )

7. 연차유급휴가
   - 연차유급휴가는 근로기준법에서 정하는 바에 따라 부여함
8. 사회보험 적용여부(해당란에 체크)
   □ 고용보험 □ 산재보험 □ 국민연금 □ 건강보험
9. 근로계약서 교부
   - 사업주는 근로계약을 체결함과 동시에 본 계약서를 사본하여 근로자의 교부요구와 관계없이 근로자에게 교부함(근로기준법 제17조 이행)

10. 근로계약, 취업규칙 등의 성실한 이행의무
  - 사업주와 근로자는 각자가 근로계약, 취업규칙, 단체협약을 지키고 성실하게 이행하여야 함
11. 기타
  - 이 계약에 정함이 없는 사항은 근로기준법령에 의함

년   월   일

(사업주) 사업체명: (전화:)
        주   소 :
        대 표 자 :   (서명)
(근로자) 주   소 :
        연 락 처 :
        성   명 :

근로시간이란 근로자가 사용자의 지휘·감독을 받으면서 근로계약에 따른 근로를 제공하는 시간을 말하고, 휴게시간이란 근로시간 도중에 사용자의 지휘·감독으로부터 해방되어 근로자가 자유로이 이용할 수 있는 시간을 말한다. 따라서 근로자가 작업시간 도중에 실제로 작업에 종사하지 않은 대기시간이나 휴식·수면시간이라 하더라도 근로자에게 자유로운 이용이 보장된 것이 아니라 실질적으로 사용자의 지휘·감독을 받고 있는 시간이라면 근로시간에 포함된다고 보아야 한다.(대법원 2006.11.23. 선고 2006다41990 판결 등 참조).

연봉계약서(연봉)

_____(이하 "갑" 이라 칭함)과 근로자 _____(이하 "을" 이라 칭함)는 아래 근로조건에 동의하고 이를 성실히 준수하고자 연봉근로계약을 체결한다.

제1조 (양당사자)

사용자(갑)	사업장명		대　표	
	소재지			
근로자(을)	성 명		주민번호	
	주소(연락처)			

제2조 (담당업무 및 취업장소)

① "을"의 주된 업무는 _____이고 "을"은 갑의 지시에 성실히 따라야 한다.

제3조 (근로계약기간)

근로계약기간: 20　.　.　~ 20　.　.　이며 "갑"과 "을"은 계약기간 중이라도 상호합의로 계약을 해지할 수 있다.

제4조 (근로시간 및 휴게시간)

① "을"의 근로시간 및 휴게시간
- 근로시각: 　　　(주5일) / - 휴게시간: 12:00 ~ 13:00
  (근무형태 또는 기타 업무상의 필요에 따라 전항의 근로시간 및 휴게시간은 변경할 수 있다.)
② 업무상 필요 시 1주 12시간 범위 내의 연장근로, 휴일근로, 야간근로를 할 수 있음을 인지하고 동의하며, 탄력적 근로시간제 운영에 동의한다.

제5조 (휴일 및 휴가)

① "을"이 1주간 소정근로 일을 개근 시 일요일을 유급 주휴일로 부여한다.

② 일요일, 국경일, 근로자의 날, 기타회사가 정한 날을 유급휴일로 부여하며, 기타 관련법령의 정함에 따라 연차휴가 등의 법정휴가를 부여한다.

제6조 (연봉)

① 연봉계약기간은 20   .   . ~ 20   .   . 연봉총액은 _____원으로 한다.

② 계약연봉은 1/13으로 분할, 월 급여 12회를 균등 분할하여 매월 _____지급한다. (1회분은 퇴직금으로 적립)

③ 연봉총액은 기본연봉과 연장근로수당 등을 포함한 제 수당으로 하며, 매월 지급하는 월 급여는 매월 01일부터 말일까지 계산하여 매월 1일에 본인에게 개인별 은행계좌에 입금한다.

④ "을"의 결근이나 지각, 조퇴, 외출, 휴직 등이 발생하는 경우 취업규칙 등의 정함에 따라 일할 계산하여 지급한다.

⑤ "갑"은 인사규정 및 관련법령이나 본인의 동의 등에 의해 월 급여에서 제세공과금 등을 원천공제하고 지급한다.

⑥ 입사 후 3개월은 수습 기간으로, 3개월 후 4대 보험이 적용된다.

제7조 (법정퇴직금)

1년 이상 근로한 자가 퇴직할 때에는 퇴직금을 지급하며, 퇴직연금 등 운영사항은 관련법령의 정함에 따른다.

제8조 (표창 및 징계)

"갑"은 "을"에게 표창을 실시할 수 있으며, 정당한 사유가 있는 경우 "을"을 징계 처분할 수 있다.

제9조 (근로관계의 종료)

"을"은 근로관계 종료 30일 전까지 서면으로 사직서를 제출해야 하고, 사직서가 수리될 때까지 성실히 담당업무를 수행해야 하며, 일방적 근로관계 해지로 인해 "갑"이 업무상 손해를 입은 경우 이를 배상한다.

제10조 (기타 조건)

본 근로계약서에 명시되지 아니한 사항에 대하여는 "갑"의 취업규칙 및 노동관련법령에 따른다.

"갑"과 "을"은 상기 사항을 성실히 준수하기 위하여 본 근로계약서를 확인하고 날인 후 각1통씩 보관한다.

202　년　　월　　일

갑(사용자): 주식회사 0000　　대표: ＿＿＿＿＿＿＿(인)

을(근로자): ＿＿＿＿＿＿＿(인)

감시·단속적 근로자 근로계약서

_____(이하 "사업주"라 함)과(와) _____(이하 "근로자"라 함)은 다음과 같이 근로계약을 체결한다.

제1조(성실의무) 위 당사자는 다음과 같이 근로계약을 체결하고 이를 성실히 이행할 것을 약정한다.

제2조(근무장소 및 근무내용)
  1) 근무장소:
  2) 근무내용:

제3조(임 금)
  1) 기본급(월간):   원
  2) 야간근로가산수당(월간):   원 (○○○ 시간)
  3) 기타 제수당:

제4조 (퇴직금)
  1) 퇴직금은 『근로자퇴직급여보장법』이 정하는 바에 따른다

제5조 (지급시기 및 방법)
  1) 임금지급일은 매월 ○○일 지급한다. 단 임금지급일이 공휴일인 경우에는 그 전일 지급한다.
  2) 임금은 『을』에게 직접지급하거나 『을』의 명의로 된 예금통장에 입급한다.

제6조 (근로시간 및 휴게)
  1) 시업 및 종업시각(휴게시간 포함)은00:00 ~ 00:00으로 한다.
  2) 휴게시간은 식사시간((□□:□□~ □□:□□), (○○:○○~○○:○○) 등) 및 야간취침시간(□□:□□~□□:□□)으로 한다.

3) 휴게시간은 근로시간에 포함되지 않는다.

제7조 휴일 및 휴가

1) 휴일 및 휴가는 근로기준법에서 정하는 바에 따른다.
2) 격일제 근로자인 경우 휴가를 사용하여 근무일 1일과 다음날의 비번 일을 휴무한 경우에는 2일의 휴가를 사용한 것으로 본다. 단, 비번일인 다음날에 근무일의 근로시간의 절반에 해당하는 근로(반일근무)를 하는 경우에는 1일의 휴가를 사용한 것으로 본다.

제8조 계약기간

1) 20   년   월   일 - 20   년   월   일 (개월 간)
2) "갑"과 "을"은 계약만료 1개월 전에 재계약 여부를 통보 하여야 한다. 단, 1개월 전에 상대방에게 통지가 없을 때에는 본 근로계약은 1년 간 자동연장 된 것으로 간주한다.

제9조 본 계약서에 명시되지 않은 사항은 취업규칙 및 근로기준법의 관련 조항을 준용하도록 한다.

위와 같이 근로계약을 체결함.
20   년   월   일

(사업주) 사업체명: (전화:)
       주   소 :
       대 표 자: (서명)

(근로자) 주   소 :
       연 락 처:
       성   명: (서명)

사업소득자계약서

_____(이하 "사업주"라 함)과(와) _____(이하 "근로자"라 함)은
다음과 같이 근로계약을 체결한다.

1. 근로계약기간: 년 월 일부터   년 월 일까지로 한다.
2. 근무 장소:
3. 업무의 내용:
4. 소정근로시간: __시 __분부터 __시 __분까지(휴게시간: 시 분 ~ 시 분)
5. 근무일/휴일: 매주 __일(또는 매일단위)근무, 주휴일 매주 __요일(해당자
   에 한함)
6. 임금
   - 월(일, 시간)급: _____원(해당사항에 ○표)
   - 상여금: 있음 (   ) _____원, 없음 (   )
   - 기타 제수당(시간외·야간·휴일근로수당 등):   원(내역별 기재)
     시간외 근로수당: _____원(월   시간분)
     야 간 근로수당: _____원(월   시간분)
     휴 일 근로수당: _____원(월   시간분)
   - 임금지급일: 매월(매주 또는 매일) ___일(휴일의 경우는 전일 지급)
   - 지급방법: 근로자에게 직접지급(   ), 근로자 명의 예금통장에 입금(   )
7. 사업소득세 3.3% 임금지급 시 공제하여 회사에서 (세무서에 대행) 납
   부한다.
8. 4대 보험(국민연금, 국민건강보험, 고용보험, 산재보험)은 사업소득자임으
   로 가입하지 않는다.
9. 근로계약기간 중 발생한 일체의 안전사고에 대해서는 사업주에게 민형
   사상 책임을 묻지 않는다.
10. 개인정보 수집 및 이용과 제3자에게 제공하는 것에 동의한다.
11. 사업주는 근로계약을 체결함과 동시에 본 계약서를 사본하여 "근로자"
    의 교부요구와 관계없이 "근로자"에게 교부한다.

12. 기타
 - 이 계약에 정함이 없는 사항은 근로기준법령에 의함

                          년   월   일

(사업주) 사업체명: (전화:)
        주 소 :
        대 표 자: (서명)
(근로자) 주 소 :
        연 락 처:
        성 명: (서명)

(건설)일용근로자 표준근로계약서

_____(이하 "사업주"라 함)과(와) _____(이하 "근로자"라 함)은 다음과 같이 근로계약을 체결한다.

1. 근로계약기간: 년 월 일부터 년 월 일까지
   ※ 근로계약기간을 정하지 않는 경우에는 "근로개시일"만 기재
2. 근무 장소:
3. 업무의 내용(직종):
4. 소정근로시간: __시__분부터__시__분까지(휴게시간: 시 분 ~ 시 분)
5. 근무일/휴일: 매주__일(또는 매일단위)근무, 주휴일 매주__요일(해당자에 한함)
   ※ 주휴일은 1주간 소정근로일을 모두 근로한 경우에 주당 1일을 유급으로 부여
6. 임금
   - 월(일, 시간)급: _____원(해당사항에 ○표)
   - 상여금: 있음 ( ) _____원, 없음 ( )
   - 기타 제수당(시간외·야간·휴일근로수당 등): 원(내역별 기재)
     시간외 근로수당: _____원(월 시간분)
     야 간 근로수당: _____원(월 시간분)
     휴 일 근로수당: _____원(월 시간분)
   - 임금지급일: 매월(매주 또는 매일) ____일(휴일의 경우는 전일 지급)
   - 지급방법: 근로자에게 직접지급( ), 근로자 명의 예금통장에 입금( )
7. 연차유급휴가
   - 연차유급휴가는 근로기준법에서 정하는 바에 따라 부여함
8. 사회보험 적용여부(해당란에 체크)
   □ 고용보험 □ 산재보험 □ 국민연금 □ 건강보험

9. 근로계약서 교부

 - "사업주"는 근로계약을 체결함과 동시에 본 계약서를 사본하여 "근로자"의 교부요구와 관계없이 "근로자"에게 교부함(근로기준법 제17조 이행)

10. 근로계약, 취업규칙 등의 성실한 이행의무

 - 사업주와 근로자는 각자가 근로계약, 취업규칙, 단체협약을 지키고 성실하게 이행하여야 함

11. 기타

 - 이 계약에 정함이 없는 사항은 근로기준법령에 의함

년   월   일

(사업주) 사업체명: (전화:)
         주   소 :
         대 표 자: (서명)
(근로자) 주   소 :
         연 락 처:
         성   명: (서명)

연소근로자(18세 미만인 자) 표준근로계약서

_____(이하 "사업주"라 함)과(와) _____(이하 "근로자"라 함)은 다음과 같이 근로계약을 체결한다.

1. 근로개시일: 년 월 일부터
   ※ 근로계약기간을 정하는 경우에는 " 년 월 일부터   년 월 일
      까지" 등으로 기재
2. 근무 장소:
3. 업무의 내용:
4. 소정근로시간: __시 __분부터__시 __분까지(휴게시간: 시 분 ~ 시 분)
5. 근무일/휴일: 매주__일(또는 매일단위)근무, 주휴일 매주__요일
6. 임금
   - 월(일, 시간)급: _____원
   - 상여금: 있음 ( ) _____원, 없음 ( )
   - 기타급여(제수당 등): 있음 ( ), 없음 ( )
      · _____원, _____원
      · _____원, _____원
   - 임금지급일: 매월(매주 또는 매일) ____일(휴일의 경우는 전일 지급)
   - 지급방법: 근로자에게 직접지급( ), 근로자 명의 예금통장에 입금( )
7. 연차유급휴가
   - 연차유급휴가는 근로기준법에서 정하는 바에 따라 부여함
8. 가족관계증명서 및 동의서
   - 가족관계기록사항에 관한 증명서 제출 여부: _____
   - 친권자 또는 후견인의 동의서 구비 여부: _____
9. 사회보험 적용여부(해당란에 체크)
   □ 고용보험 □ 산재보험 □ 국민연금 □ 건강보험

10. 근로계약서 교부

- 사업주는 근로계약을 체결함과 동시에 본 계약서를 사본하여 근로자의 교부요구와 관계없이 근로자에게 교부함(근로기준법 제17조, 제67조 이행)

11. 근로계약, 취업규칙 등의 성실한 이행의무

- 사업주와 근로자는 각자가 근로계약, 취업규칙, 단체협약을 지키고 성실하게 이행하여야 함

12. 기타

- 13세 이상 15세 미만인 자에 대해서는 고용노동부장관으로부터 취직인허증을 교부받아야 하며, 이 계약에 정함이 없는 사항은 근로기준법령에 의함

년   월   일

사업주) 사업체명: (전화:)
        주 소:
        대 표 자: (서명)
(근로자) 주 소:
        연 락 처:
        성 명: (서명)

친권자(후견인) 동의서

○ 친권자(후견인) 인적사항
   성   명 :
   생년월일 :
   주   소 :
   연 락 처 :
   연소근로자와의 관계 :

○ 연소근로자 인적사항
   성   명: (만   세)
   생년월일:
   주   소:
   연 락 처 :

○ 사업장 개요
   회 사 명 :
   회사주소 :
   대 표 자 :
   회사전화 :

본인은 위 연소근로자 _____가 위 사업장에서 근로를 하는 것에 대하
여 동의합니다.

               년   월   일

                         친권자(후견인)   (인)
첨부: 가족관계증명서 1부

단시간근로자 표준근로계약서

_____(이하 "사업주"라 함)과(와) _____(이하 "근로자"라 함)은 다음과 같이 근로계약을 체결한다.

1. 근로개시일: 년   월   일부터
   ※ 근로계약기간을 정하는 경우에는 " 년   월   일부터   년   월   일 까지" 등으로 기재
2. 근무 장소:
3. 업무의 내용:
4. 근로일 및 근로일별 근로시간

	( )요일	( )요일	( )요일	( )요일	( )요일	( )요일
근로시간	시간	시간	시간	시간	시간	시간
시업	시 분	시 분	시 분	시 분	시 분	시 분
종업	시 분	시 분	시 분	시 분	시 분	시 분
휴게 시간	시 분 ~ 시 분	시 분 ~ 시 분	시 분 ~ 시 분	시 분 ~ 시 분	시 분 ~ 시 분	시 분 ~ 시 분

* 주휴일: 매주   요일

5. 임금
   - 시간(일, 월)급: _____원(해당사항에 ○표)
   - 상여금: 있음 ( ) _____원, 없음 ( )
   - 기타급여(제수당 등):있음: _____원(내역별 기재), 없음 ( ),
   - 초과근로에 대한 가산임금률: _____%
     ※ 단시간근로자와 사용자 사이에 근로하기로 정한 시간을 초과하여 근로하면 법정 근로시간 내라도 통상임금의 100분의 50% 이상의 가산임금 지급('14.9.19. 시행)
   - 임금지급일: 매월(매주 또는 매일) ____일(휴일의 경우는 전일 지급)
   - 지급방법: 근로자에게 직접지급( ), 근로자 명의 예금통장에 입금( )
6. 연차유급휴가: 통상근로자의 근로시간에 비례하여 연차유급휴가 부여
7. 사회보험 적용여부(해당란에 체크)
   □ 고용보험   □ 산재보험   □ 국민연금   □ 건강보험

8. 근로계약서 교부

 - "사업주"는 근로계약을 체결함과 동시에 본 계약서를 사본하여 "근
 로자"의 교부요구와 관계없이 "근로자"에게 교부함(근로기준법 제17
 조 이행)

9. 근로계약, 취업규칙 등의 성실한 이행의무

 - 사업주와 근로자는 각자가 근로계약, 취업규칙, 단체협약을 지키고 성
 실하게 이행하여야 함

10. 기타

 - 이 계약에 정함이 없는 사항은 근로기준법령에 의함

년   월   일

사업주) 사업체명: (전화:)
       주 소:
       대 표 자: (서명)
(근로자) 주 소:
       연 락 처:
       성 명: (서명)

법원은 근로계약서가 작성되지 않은 경우에는 일단 기간의 정함
이 없는 근로계약으로 보고, 기간을 정했다는 사실은 사용자가 증
명하도록 하고 있음 (서울행정법원 2005. 5. 3. 선고 2004구합18489,
18702(병합) 판결)

[별지 제2호 서식]

산 업 재 해 보 상 보 험

요양급여 및 휴업급여(최초분) 신청(청구)서

※ 공통란은 모두 기재하시고, 해당 신청란에 [✔]하고 기재하시기 바랍니다.   (앞 면)

접수일자		접수번호		처리기간	7일

<table>
<tr><td rowspan="9">재
해
자</td><td colspan="2">성 명(외국인은 외국인등록증상 영문명 대문자)</td><td colspan="2">주민등록번호(외국인등록번호)</td></tr>
<tr><td colspan="2" rowspan="2">주 소</td><td colspan="2">휴대전화:</td></tr>
<tr><td colspan="2">전화번호:</td></tr>
<tr><td>재해발생
일 시</td><td>　년　월　일　시　분</td><td colspan="2">전자우편(E-mail)</td></tr>
<tr><td colspan="2">채용일자:　년　월　일　국 적:</td><td colspan="2">직 종:</td></tr>
<tr><td>출근시간:</td><td>퇴근시간:</td><td colspan="2">작업개시시간:</td></tr>
<tr><td colspan="2">종사상 지위: [ ]상용 [ ]임시 [ ]일용</td><td colspan="2">고용형태: [ ]정규직 [ ]비정규직</td></tr>
<tr><td>보험가입자와의 관계</td><td colspan="3">[ ]실제사업주 [ ]하수급인 [ ]동업자 [ ]배우자 [ ]부모 [ ]자녀 [ ]형제자매
[ ]기타 친인척( ) [ ]해당 없음</td></tr>
</table>

<table>
<tr><td rowspan="13">요
양</td><td colspan="2">신청 구분 : [ ]최초요양([ ]업무상 사고 [ ]업무상 질병 [ ]출퇴근 재해)
　　　　　　 [ ]재요양 [ ]전원 [ ]병행진료 [ ]진폐
　　※ 최초요양 및 재요양 신청시 휴업급여(뒷면)를 함께 청구하실 수 있습니다.</td></tr>
<tr><td colspan="2">사업장관리번호 　　　　-　　　-　　　　　-　　 (사업개시번호:)</td></tr>
<tr><td colspan="2">사업장명　　　　　　사업주명　　　　　　연락처(☎)</td></tr>
<tr><td colspan="2">사업장주소</td></tr>
<tr><td colspan="2">재해원인 및 발생상황(재요양의 경우 재발하거나 치유 당시보다 악화된 경위)(별지사용 가능)

(육하원칙에 의거 기술)

</td></tr>
<tr><td colspan="2">① 위 재해와 관련하여 음주 또는 음주운전으로 관공서에 신고(접수)한 사실이 있습니까?　[ ]예 [ ]아니오
② 위 재해와 관련하여 119 또는 소방서에 구조구급·재난 신고(접수)한 사실이 있습니까?　[ ]예 [ ]아니오
③ 위 재해와 관련하여 경찰서에 사고(사건) 신고한 사실이 있습니까?　[ ]예 [ ]아니오
④ 위 재해와 관련하여 자동차 보험사에 사고를 신고한 사실이 있습니까?　[ ]예 [ ]아니오
⑤ 위 재해와 관련하여 사업장에 알린 사실이 있습니까?　[ ]예 [ ]아니오</td></tr>
<tr><td colspan="2">※ 재해경위 등 주요 사항을 사실과 달리 기재하여 보험급여를 지급받은 경우에는 「산업재해보상보험법」제84조에 따라 부당이득 징수 등의
　 불이익 처분을 받게 되오니 사실대로·구체적으로 기재하셔야 합니다.
※ 작성방식: 어디에서(구체적 장소), 무엇을 하기 위해(작업내용, 목적), 무엇을 사용하여(작업도구, 취급물질), 어떻게 하다가(경위, 동작,
　 움직임), 어떤 이유 때문에 어떻게 재해를 당하였는지 작성하여 주시기 바랍니다.</td></tr>
<tr><td colspan="2">목격자가 있는 경우: 성명( ), 연락처( ), 재해자와의 관계( )</td></tr>
<tr><td colspan="2">가해자가 있는 경우: 성명( ), 연락처( ), 재해자와의 관계( )</td></tr>
<tr><td colspan="2">재해(또는 재요양 사유) 발생 후 현재 요양 중인 의료기관 전에 진료(치료) 받은 의료기관
　의료기관명:　　　　　　소재지:
　의료기관명:　　　　　　소재지:</td></tr>
<tr><td>재요양의
요건에
관한 사항</td><td>사유　[ ]신체내 고정물 제거수술 [ ]의지장착을 위한 재수술 [ ]치과보철
　　　재발 또는 악화로 인한 요양([ ]수술 [ ]비수술 [ ]기타( )
수술할 경우 수술부위:　　　　　수술(예정)일자　　 년　월　일
재요양 사유 발생 당시 취업 중인 경우 취업한 사업장명</td></tr>
</table>

위와 같이 신청(청구)합니다.
년　월　일
신청인(청구인)　　　　　　(서명 또는 인)
대 리 인　　　　　　(서명 또는 인)

※ 시행규칙 제20조 제2항에 따라 요양급여신청서가 접수되면 보험가입자(사업주)에게 알리고 보험가입자 의견을 확인하여 신청서를 처리합니다.
※ 신청인이 대리인을 선임한 경우에는 대리인은 「대리인 선임 신고서」를 근로복지공단에 제출하여야 합니다.

※ 요양급여 신청 구비서류 ※
1. 초진소견서(최초요양 또는 재요양) 1부.
2. 목격자 및 행정기관(경찰서) 등에서의 관련 진술서 사본 등 재해경위와 사실 확인을 위한 관계인의 진술 또는 관련 서류 1부.
3. 사업주나 제3자 등으로부터 보험급여에 상당한 금품을 받은 경우 금품의 내역 및 금액을 알 수 있는 서류(판결문·합의서 등)

	휴업급여 청구기간	년 월 일 ~ 년 월 일		

<table>
<tr><td rowspan="20">휴
업
급
여</td><td colspan="4">수령희망은행 및 계좌번호   은행명:_____   계좌번호:_____   (예금주:)</td></tr>
</table>

수령희망은행 및 계좌번호   은행명:_____   계좌번호:_____   (예금주:)

<재해자 확인사항>

①휴업급여 청구기간에 대하여 이미 사업주로부터 급여를 받았습니까? 1. 예 [ ] 2. 아니오 [ ]

②휴업급여를 청구한 기간 중 취업한 사실이 있습니까?   1. 취업함 [ ] 2. 취업하지 못함 [ ]

③휴업급여 자동지급을 신청하겠습니까?   1. 예 [ ] 2. 아니오 [ ]

※ 작성할 때 유의사항
1. 취업이란 재해 당시 사업(원래 직무 및 다른 직무 포함) 또는 다른 사업으로의 취업 뿐만 아니라 자영업 운영이나 학업 등 생업으로의 복귀 등을 포함하는 개념이며, 취업사실이 있는 경우 휴업급여 또는 상병보상연금이 지급되기 이전에 공단에 신고하여야 합니다.
2. 교정시설에 수용된 기간, 해외 체류 기간 등 요양으로 인하여 취업하지 못한 기간으로 볼 수 없거나 보험가입자(사업주)로부터 휴업급여 상당하는 금액을 미리 받은 경우에는 휴업급여를 받으실 수 없습니다.
3. 재해로 인한 요양기간이 아닌 기간 또는 취업한 기간에 허위 기타 부정한 방법으로 휴업급여를 받은 경우에는 지급받은 급여액의 2배에 해당하는 금액을 부당이득으로 근로복지공단에 납부하여야 합니다.
4. 「휴업급여 자동지급」이란 최초의 청구로 2회분 이후 휴업급여를 별도의 청구절차 없이 지급하는 제도를 말합니다.
5. 휴업급여 청구서의 처리기한내에 평균임금을 산정하기 곤란한 경우에는 재해자의 생계보호를 위하여 최저임금액을 1일당 휴업급여 지급액으로 산정하여 우선 지급하고, 평균임금 산정 후 지급 차액이 있는 경우에는 추가 지급합니다.

※ 구비서류
1. 재해가 발생한 달을 포함하여 이전 4개월간의 임금대장(단, 연차수당 및 상여금이 있는 경우에는 12개월간의 임금대장)
2. 일용근로자의 경우 일용근로계약서 또는 일당을 확인할 수 있는 자료

<table>
<tr><td rowspan="3">다
른
보
상</td><td colspan="5">① 본 재해와 동일한 사유로 민법, 기타 법령에 따라 보상 또는 배상금을 수령한 사실이 있습니까? 1.예[ ] 2.아니오[ ]</td></tr>
<tr><td colspan="5">② 보상 또는 배상금을 수령한 경우 내역(①에서 "예"라고 체크한 경우에만 작성합니다.)</td></tr>
<tr><td>수령일자</td><td>수령금액</td><td>지급한 자(기관) 또는 지급처</td><td colspan="2">첨부서류
①합의서②판결문(또는 결정문)③영수증④기타</td></tr>
</table>

본인은 휴업급여 청구 및 다른 보상 등의 기재내용이 모두 사실을 확인하고 위와 같이 청구합니다.

청구인   (서명 또는 인)

※ 근로복지공단 임직원이 업무와 관련 금품·향응을 요구하면 청렴상담 부조리신고센터(052-704-7926)에 신고해 주시기 바랍니다.
※ 산재보험급여를 허위·부당한 방법으로 받은 사례를 산재부정수급신고센터(052-704-7474)에 신고해 주시면 포상금을 드립니다.

<table>
<tr><td rowspan="2">직장
복귀</td><td>※ 업무상 부상 또는 질병의 요양을 위하여 휴업한 기간과 그 후 30일 동안은 「근로기준법」 제23조에 따라 해고 불가
○ 귀하는 치료종결 후에 재해 사업장에서 계속 근무할 생각이 있습니까?   1. 예 [ ] 2. 아니오 [ ]</td></tr>
<tr><td>"아니오"인 경우, 그 이유는 무엇입니까? [ ]①장해로 직무수행 어려움 [ ]②사업주(책임자 등)와 갈등 [ ]③열악한 근로조건 [ ]④타직장 희망</td></tr>
</table>

<table>
<tr><td rowspan="6">공
통</td><td colspan="3" align="center">개인정보 이용 동의서</td></tr>
<tr><td colspan="3">◦(이용목적) 보험급여에 관한 결정, 조사 및 연구업무, 재활사업을 위한 정보제공, 근로복지공단이 수행하고 있는 산재보험 사업 관련 서비스 제공 안내 문자 메시지 전송, 고객 감사편지 발송</td></tr>
<tr><td>◦(이용정보) 건강보험 요양급여내역, 「의료법」에 따른 진료기록부등 환자에 관한 기록, 건강검진 기록, 「주민등록법」에 따른 거소정보, 교통사고조사내역,성명, 주소, 전화번호(일반전화 및 휴대전화), 이메일 주소</td><td>[ ] 동의
[ ] 동의하지 않음</td><td>성명:

(서명 또는 인)</td></tr>
<tr><td colspan="3">◦(이용기간) 이용 동의를 한 날부터 5년</td></tr>
<tr><td colspan="3">◦(동의거부권리 안내) 신청인은 본 개인정보 동의를 거부할 수 있으며, 이 경우 근로복지공단이 제공하는 서비스가 제한될 수 있습니다.</td></tr>
<tr><td colspan="3">※ 개인정보 이용은 「산업재해보상보험법」 및 같은 법 시행령에 따라 별도의 동의 절차가 필요 없으며, 「산업재해보상보험법」 제36조 및 같은 법 시행령 제21조에 따른 보험급여 결정에 관한 통지는 동 개인정보 이용 동의서와는 무관하게 통지됨을 알려드립니다.</td></tr>
</table>

< 요양급여 신청서 및 휴업급여 청구서 대행 제출 위임(동의)장 >

본인은 [ ]요양급여 신청서 및 [ ]휴업급여 청구서를 아래 의료기관이 대행하여 근로복지공단[고용·산재보험토탈서비스 (total.kcomwel.or.kr) 포함]에 제출하는 것을 위임·동의합니다.

위임하는 자(신청인)   위임받는 자(의료기관)

             (서명 또는 인)   (서명 또는 인)

근로복지공단   지역본부(지사)장 귀하

(210mm×297mm, 일반용지 60g/㎡)

※ 해당란에 [√] 하고 기재하십시오.   (앞 면)

산업재해보상보험 소견서

([ ]최초요양 [ ]재요양 [ ]전원 [ ]병행진료 [ ]진폐)

① 성명(외국인은 영문명)	② 주민등록번호(외국인등록번호)	③ 재해일자
		년 월 일

④ 재해 후 최초 진료개시	년 월 일 (:) [ ]본원 [ ]타 의료기관( )
⑤ 본원에 최초 도착일시	년 월 일 (:)
⑥ 내원방법	[ ]도보 [ ]구급차 [ ]구급차외 차량 [ ]기타( )

⑦ 재해자가 의료기관에 진술한 재해경위(재요양 신청의 경우 대상 상병 및 사유 기재)	

⑧ 재해로 인한 최초 증상 (환자가 진술하는 대로)	년 월 일 (:) 최초 발생	⑨ 재해 당시 의식소실([ ]유 [ ]무)
	증상의 내용	

⑩ 현재 환자가 호소하는 증상 (환자의 표현대로)	

⑪ 상병상태에 대한 종합소견 (주요 이학적·도수 검사 등) ※ 상세 소견은 별지 사용 가능	

⑫ 주요검사

[ ]X-Ray   [ ]CT   [ ]MRI   [ ]MRA   [ ]심장혈관조영술   [ ]Bone scan   [ ]PET

[ ]초음파   [ ]내시경   [ ]관절경   [ ]근(신경)전도   [ ]폐기능   [ ]조직   [ ]적외선체열

[ ]정신상태   [ ]심리학적   [ ]기타·특이사항( )

※ 주요소견 기재 또는 결과지 첨부

⑬ 기존(기초)질환

고혈압([ ]유 [ ]무)   혈압약([ ]미복용 [ ]부정기복용 [ ]정기복용) 고지혈증([ ]유 [ ]무)   상병관련 가족력([ ]유 [ ]무)

당뇨([ ]유 [ ]무) 당뇨치료([ ]미복용 [ ]약물복용 [ ]인슐린)   결핵([ ]유 [ ]무)   간염([ ]유 [ ]무)

[ ]기타·특이사항(

재해 전 본원에서 유사상병으로 치료를 받은 사실 여부 [ ]유 [ ]무
기타·특이사항(일시·시술명·부위·의료기관)

⑭ 상병명과 상병코드(※재요양의 경우 재요양 사유가 발생한 상병만 기재)

상해코드	주/부/파생	상병코드(KCD기준)	세부상병명(확정진단 병명)

(상해코드) 두부(뇌/두개골/두피), 눈, 귀(내/외부), 안면부, 목, 팔, 손/손가락, 가슴/등. 허리, 엉덩이, 다리, 발/발가락, 복합부위, 순환
　　　　기관, 호흡기관, 소화기관, 비뇨/생식기관, 신경계통, 복부, 전신, 기타 중에서 상병코드별 하나씩 기재

(주/부/파생) 주상병은 한국표준질병사인분류 지침서에 따라 주된 병태에 해당하는 하나의 상병코드에 대해서만 가능

(상병코드) 확진(최종) 진단명이 한국표준질병사인분류상 속하는 최하위 코드로 코딩하여야 하고, 병태의 외인을 설명하는 부연코드(대분류
　　　　코드가 V, Y, Z인 것)는 산재보험에서는 사용하지 않으므로 상병의 병태에 해당하는 코드로 코딩

(오류예시) 하나의 상병으로 코딩할 수 없는 여러 상병을 하나로 표시하는 것, 질병 또는 손상에 의한 상병인지를 확인하지 않고 한국표준
　　　　병사인분류상 대부분 M코드를 손상으로(또는 S코드를 질병으로) 코딩

⑮ 입원	예상기간	년 월 일 ~ 년 월 일 (주)
	사 유	[ ]수술 [ ]의식장애 [ ]외·기기고정 [ ]석고붕대고정 [ ]절대안정 [ ]안정 및 보호 [ ]이동불가 [ ]기타

⑯ 통원	예상기간	년 월 일 ~ 년 월 일 (주)
	사 유	
	취업치료 여부(근무 병행치료)	※ 취업치료(근무 병행치료)는 치료받으면서 근무가 가능한 상태를 말함(의학적 판단) [ ] 취업치료가능 [ ] 취업치료 불가능 : 향후 ( )개월 후 가능성 재판단

⑰ 수술	수술여부	[ ]없음 [ ]있음	수술명	
	수술(예정)일	년 월 일	수술의료기관	[ ]본원 [ ]타원( )

⑱ 계속 동반 치료가 필요한 기존질환명 |

⑲ 집중재활치료의 필요 구분	(※재활인증의료기관에서 제공하는 전문재활치료로서 발병일 또는 수술일로부터 ㉮6개월 이내의 뇌혈관, ㉯3개월 이내의 척추·견관절·고관절·슬관절 질환자, ㉰해당기간 도과했으나 재활치료 효과가 기대되는 사람에게 제공, 단, 염좌, 타박상 등 경미한 상병은 제외) [ ] 일정기간 집중재활치료 곤란 [ ]3개월 이내 치유 또는 13급 이하의 장해 예상 [ ] 집중재활치료 필요(또는 예정) [ ] 집중재활치료 질환자 아님 [ ] 상태 악화 또는 수술 예정 [ ] 집중재활치료 불필요( )

협진, 병행진료가 필요한 진료과목		심리상담 필요 (개인별 심리상담 지원)	[ ]필요

전원	전원할 의료기관명: 소재지: 전원사유: ※전원이란 생활근거지 또는 전문적 치료 등을 위해 현재 요양 중인 의료기관에서 다른 의료기관으로 변경하는 것을 말합니다.
	전원(예정)일자 년 월 일

<첨부서류>	1. 신청 상병을 확인할 수 있는 각종 검사자료 및 결과지 각1부. 2. 절단, 화상, 좌멸창, 욕창은 환부 칼라사진 3. 정신질환의 경우 진단의 근거를 의학적으로 입증할 수 있는 응급진료 또는 초진기록지 등 의무기록 및 각종 검사 결과지 각1부.(뇌영상 검사, 뇌파 검사, 심전도 검사, 정신상태 검사, 심리학적 검사, 갑상선 기능검사 등)

위에 기재한 내용이 사실임을 확인합니다.

년 월 일

의료기관 주소: 의사면허번호: 호

전화번호: 전문과목: (전문의: 호)

의료기관명: (서명 또는 인) 성 명: (서명 또는 인)

근로복지공단 본부(지사)장 귀하

자문의사 소견	
	년 월 일 자문의사명 (서명 또는 인)

(210mm×297mm, 일반용지 60g/㎡)

표 준 취 업 규 칙

◆ 이 자료는 주40시간제(주5일제)가 적용되는 제조업체를 가정하여 작성한 것이므로 동 자료를 참고하여 사업장의 취업규칙을 작성, 변경할 때는 근로기준법 등 노동관계법령에 위배되지 않는 범위 내에서 사업장의 규모나 업무의 특성에 맞게 수정·활용하여야 합니다.

◆ 또한, 이 자료는 현재까지 개정된 노동관계법령을 반영하였으므로 그 이후의 법령 제·개정에 대해서는 각 사업장에서 제·개정 내용을 확인하여 그 기준에 맞게 취업규칙에 반영하여야 합니다.

◆ 이 자료에 기재된 필수 근로조건은 관계 법령에 따른 최저기준을 반영한 것이므로, 사업장 상황에 따라 근로자에게 그 이상을 보장할 수 있습니다.

◆ 취업규칙은 근로자가 자유롭게 열람할 수 있는 장소에 항상 게시하거나 갖추어 두어 근로자에게 널리 알려야 하며, 취업규칙을 작성, 변경할 때에는 반드시 근로자 과반수(과반수 노동조합이 있는 경우는 그 노동조합)의 의견을 청취(불이익 변경 시에는 동의)하여야 합니다.

고용노동부

조 문 순 서

제1장 총칙

제1조(목적) 이 취업규칙은 ○○주식회사 사원의 채용·복무 및 근로조건 등에 관한 사항을 정함을 목적으로 한다.(필수)

제2조(적용범위) ① 이 취업규칙(이하 "규칙"이라 한다)은 ○○주식회사(이하 "회사"라 한다)에 근무하는 사원에게 적용한다.
② 사원의 복무 및 근로조건에 관하여 법령, 단체협약 또는 이 규칙 이외의 다른 회사규정에 별도로 정한 경우를 제외하고는 이 규칙이 정하는 바에 따른다.(필수)

제3조(사원의 정의) 이 규칙에서 "사원"이라 함은 회사와 근로계약을 체결한 무기계약사원과 기간제사원을 말하며, 단시간사원은 제외한다.(필수)

제4조(차별금지) 회사는 사원의 모집·채용, 임금·복리후생, 교육·훈련, 배치·전보·승진, 퇴직·해고·정년에 있어서 합리적인 이유 없이 성별, 연령, 신앙, 사회적 신분, 출신지역, 학력, 출신학교, 혼인·임신·출산 또는 병력(病歷) 등을 이유로 차별하지 않는다.(선택)

제2장 채용 및 근로계약

제5조(채용) ① 회사에 입사를 지원하는 자는 다음 각 호의 서류를 제출하여야 한다.
 1. 이력서 1통
 2. 자기소개서 1통
② 회사는 입사를 지원하는 자에게 신체적 조건(용모·키·체중 등), 출신지역·혼인여부·재산, 직계존비속 및 형제자매의 학력·직업·재산 등 직무수행에 필요하지 아니한 사항은 채용심사 등의 자료로 요구하지 않는다.(선택)

제6조(근로계약) ① 회사는 채용이 확정된 자와 근로계약을 체결할 때에는 다음 각 호의 내용을 해당자에게 명확히 제시한다.(선택)

1. 임금
2. 소정근로시간, 휴게시간
3. 휴일
4. 연차유급휴가
5. 취업의 장소 및 종사하여야 할 업무에 관한 사항
6. 근로계약기간(기간제사원에 한정한다)
7. 근로기준법 제93조 제1호부터 제12호까지에 해당하는 내용
8. 근로기준법 제10장에 따른 기숙사에 관한 사항(기숙사가 있는 경우에 한정한다)

② 회사는 근로계약을 체결함과 동시에 다음 각 호의 내용을 적은 근로계약서 1부를 근로계약을 체결한 사원에게 내어 준다. 이 경우 회사는 해당 사원의 동의 하에 이를 해당 사원의 상용 이메일, 사내 메일 등 전자적 방법으로 송부할 수 있다.

1. 임금의 구성항목, 계산방법, 지급방법
2. 소정근로시간, 휴게시간
3. 휴일
4. 연차유급휴가
5. 취업의 장소 및 종사하여야 할 업무에 관한 사항
6. 근로계약기간(기간제사원에 한정한다)

③ 회사는 근로계약 체결 시 제1항의 일부 내용을 대신하기 위한 것임을 명확히 밝히면서 해당 내용이 적시된 취업규칙을 제시할 수 있고, 제2항의 일부내용을 대신하기 위한 것임을 명확히 밝히면서 해당 내용이 적시된 취업규칙을 교부할 수 있다.

제7조(수습기간) ① 신규로 채용된 자는 최초로 근무를 개시한 날부터 ○개월간을 수습기간으로 한다.
② 제1항의 수습기간은 근속년수에 포함하되, 수습을 시작한 날부터 3개월 이내의 기간은 평균임금산정기간에는 포함하지 아니한다.(선택)

제3장 복무

제8조(복무의무) 사원은 다음 각 호의 사항을 준수하여야 한다.

1. 사원은 맡은바 직무를 충실히 수행하여야 한다.
2. 사원은 직무상 지득한 비밀을 엄수하고 회사기밀을 누설해서는 아니된다. 다만, 공익신고자 보호법상의 '공익신고자'의 경우에는 적용되지 아니한다.
3. 사원은 회사의 제반규정을 준수하고 상사의 정당한 직무상 지시에 따라야 한다.
4. 사원은 사원으로서 품위를 손상하거나 회사의 명예를 실추시키는 행위를 하여서는 아니 된다.
5. 사원은 그밖에 제1호부터 제4호까지 규정에 준하는 행위를 하여서는 아니 된다.(선택)

제9조(출근, 결근) ① 사원은 업무시간 시작 전까지 출근하여 업무에 임할 준비를 하여 정상적인 업무수행에 차질이 없도록 하여야 한다.

② 질병이나 그밖에 부득이한 사유로 결근하고자 하는 경우에는 사전에 소속부서의 장의 승인을 받아야 한다. 다만, 불가피한 사유로 사전에 승인을 받을 수 없는 경우에는 결근 당일에라도 그 사유를 명확히 하여 사후 승인을 받아야 하며 정당한 이유 없이 이러한 절차를 이행하지 아니한 경우 무단결근을 한 것으로 본다.(선택)

제10조(지각·조퇴 및 외출) ① 사원은 질병 그밖에 부득이한 사유로 지각하게 되는 경우에는 사전에 부서의 장 또는 직근 상급자에게 알려야 하며, 부득이한 사정으로 사전에 알릴 수 없는 경우에는 사후에라도 지체 없이 이 사실을 알려야 한다.

② 사원은 근로시간 중에는 사적인 용무를 이유로 근무 장소를 이탈할 수 없다. 다만, 질병이나 그밖에 부득이한 사유가 있는 경우에는 소속부서의 장의 승인을 받아 조퇴 또는 외출할 수 있다.

③ 사원이 지각, 조퇴 또는 외출한 시간은 무급으로 처리함을 원칙으로 한다. (선택)

제11조(공민권행사 및 공의 직무 수행) ① 회사는 사원이 근무시간 중 선거권, 그밖에 공민권을 행사하거나 공(公)의 직무를 수행하기 위하여 필요한 시간을 청구할 경우 이를 거부할 수 없으며, 그 시간은 유급으로 처리한다.
② 회사는 제1항의 권리 행사나 공(公)의 직무를 수행하는데 지장이 없는 범위 내에서 사원이 청구한 시간을 변경할 수 있다.(선택)

제12조(출장) ① 회사는 업무수행을 위하여 필요한 경우 사원에게 출장을 명할 수 있다.
② 회사는 행선지별 여비, 숙박비, 현지교통비 등 출장 비용을 실비 범위 내에서 지급한다.(선택)

제4장 인사

제1절 인사위원회

제13조(인사위원회의 구성) ① 인사위원회(이하 "위원회"라 한다)는 대표이사와 부서장 또는 그에 준하는 직급의 사원 중 대표이사가 임명하는 자로 총 5명 이내로 구성하되 근로자위원을 최소 1명 이상 포함되도록 한다.
② 위원회의 위원장은 대표이사 또는 대표이사가 위임한 자로 한다.
③ 위원회에는 인사(총무)담당자 1명을 간사로 둔다. (선택)

제14조(위원회의 기능) 위원회는 다음 각 호의 사항을 의결한다.
 1. 사원의 표창에 관한 사항
 2. 사원의 징계에 관한 사항
 3. 그밖에 사원의 인사에 관하여 위원회의 의결이 필요한 사항(선택)

제15조(위원회의 소집 및 운영) ① 위원회는 제14조에 따른 의결사항이 있을 경우 위원장이 소집한다.

② 위원장은 회의를 소집하고자 하는 경우 원칙적으로 회의 개최 7일 전에 회의일시, 장소, 의제 등을 각 위원에게 통보한다.

③ 위원회는 재적위원 과반수의 출석과 출석위원 과반수의 찬성으로 의결한다. 다만, 징계에 관한 사항은 재적위원 3분의 2 이상의 찬성으로 의결한다.

④ 위원장은 표결권을 가지며 가부동수일 때에는 결정권을 가진다.

⑤ 위원회의 회의는 공개하지 아니하며 회의내용과 관련된 사항은 누설하여서는 아니 된다. 다만, 위원회의 의결로 공개할 수 있다.

⑥ 위원회의 의결사항이 특정위원에 관한 사항을 의결할 때에는 당해위원은 그 건의 의결에 참여할 수 없다.

⑦ 위원회의 운영방법 등 기타 필요한 사항에 대하여는 별도의 규정으로 정할 수 있다.(선택)

제2절 배치·전직 및 승진

제16조(배치, 전직, 승진) ① 회사는 사원의 능력, 적성, 경력 등을 고려하여 부서의 배치, 전직, 승진 등 인사발령을 하며, 사원은 정당한 사유 없이 이를 거부할 수 없다.

② 회사는 제1항에 따른 인사발령을 할 때 합리적인 이유 없이 남녀를 차별하지 아니한다.

③ 제1항에 따른 인사발령의 기준 등 필요한 사항에 대하여는 별도의 규정으로 정한다.(선택)

제3절 휴직 및 복직

제17조(휴직사유 및 기간) 사원은 다음 각 호의 어느 하나에 해당하는 사유로 휴직을 원하는 경우 다음 각 호의 구분에 따른 기간을 고려하여 휴직을 시작하려는 날의 30일 전까지 회사에 휴직원을 제출하여야 한다. 이 경우

제3호에 따른 휴직 외에는 무급을 원칙으로 한다.

1. 업무 외 질병, 부상, 장애 등으로 장기 요양이 필요할 때: ○년의 범위 내에서 요양에 필요한 기간
2. 병역법에 따른 병역 복무를 마치기 위하여 징집 또는 소집된 경우: 징집 또는 소집기간
3. 회사가 지정하는 국내·외 연구기관 또는 교육기관 등에서 연수, 직무 훈련 등을 하게 된 경우: ○년의 범위 내에서 연수 등에 필요한 기간
4. 만 8세 이하 또는 초등학교 2학년 이하의 자녀(입양한 자녀를 포함한다)를 가진 사원이 그 자녀의 양육을 위하여 필요한 경우(이하 이에 따른 휴직을 "육아휴직"이라 한다): 1년 이내
5. 사원이 부모, 배우자, 배우자의 부모, 자녀(이하 "가족"이라 한다)의 질병, 사고, 노령으로 인하여 그 가족을 돌보기 위하여 필요한 경우(이하 이에 따른 휴직을 "가족돌봄휴직"이라 한다): 연간 90일 이내, 1회 30일 이상
6. 사원이 「공직선거법」에 따른 선거에 당선된 경우: 각 선출직별 임기 (필수, 선택)

제18조(휴직명령) ① 회사는 사원이 휴직원을 제출하면 이를 심사하여 휴직명령 여부를 결정하여 사원에게 서면으로 통보한다.
② 회사는 휴직사유가 제17조 제4호에 해당하는 경우라도 다음 각 호의 어느 하나에 해당하는 경우에는 휴직명령을 하지 않을 수 있다.

1. 육아휴직을 시작하려는 날의 전날까지 계속 근로한 기간이 6개월 미만인 경우
2. 같은 자녀에 대하여 배우자가 육아휴직 중인 경우

③ 회사는 휴직사유가 제17조 제5호에 해당하는 경우라도 다음 각 호의 어느 하나에 해당하는 경우에는 휴직명령을 하지 않을 수 있다. 다만, 이 경우 회사는 업무를 시작하고 마치는 시간의 조정, 연장근로의 제한 또는 근로시간의 단축·탄력적 운영 등 가족돌봄휴직을 신청한 사원을 지원하기 위하여 필요한 조치를 하도록 노력한다.

1. 가족돌봄휴직을 시작하려는 날의 전날까지 계속 근로한 기간이 1년 미만인 경우

2. 가족돌봄휴직을 신청한 사원 외에 가족이 돌봄이 필요한 가족을 돌볼 수 있는 경우
3. 회사가 직업안정기관에 구인신청을 하고 14일 이상 대체인력을 채용하기 위하여 노력하였으나 대체인력을 채용하지 못한 경우
4. 사원의 가족돌봄휴직으로 인하여 정상적인 사업 운영에 중대한 지장이 초래되는 것으로 증명되는 경우(선택)

제19조(준수사항) ① 휴직자는 휴직기간 중 거주지의 변동 등의 사유가 있을 때에는 지체 없이 회사에 그 사실을 알려야 한다.
② 회사는 사원이 육아휴직하는 경우 고용보험법령이 정하는 육아휴직급여를 받을 수 있도록 증빙서류를 제공하는 등 적극 협조한다.(선택)

제20조(복직) ① 사원은 휴직기간 만료일 7일 전까지 복직원을 제출하여야 한다. 다만, 휴직기간의 연장이 필요한 경우에는 휴직기간 만료일 30일 전까지 그 사유를 명시하여 승인을 신청하여야 한다.
② 제1항 단서의 경우 회사는 신청일부터 ○일 내에 제17조 각 호에 따른 휴직사유별 기간의 범위 내에서 휴직기간의 연장 승인 여부를 결정하여 서면으로 통보한다.
③ 사원은 휴직기간 중 휴직사유가 소멸되었을 때에는 지체 없이 복직원을 제출해야 한다.
④ 회사는 휴직 중인 사원으로부터 복직원을 제출 받은 경우에는 최대한 빠른 시일 내에 휴직 전의 직무에 복직시키도록 노력하되, 부득이한 경우에는 그와 유사한 업무나 동등한 수준의 급여가 지급되는 직무로 복귀시키도록 노력한다.

제21조(근속기간의 계산 등) ① 휴직기간은 근속기간에 산입하되, 근로기준법 제2조 제1항 제6호에 따른 평균임금 산정기준이 되는 기간에서는 제외한다.
② 제17조 제2호에 따른 휴직사유로 휴직한 기간은 「근로자퇴직급여보장법」 제8조에 따른 퇴직금 산정을 위한 계속근로기간에서 제외한다.(선택)

제5장 근로시간

제22조(교대근로) 각 사원(제또는 ○○직무, ○○팀)의 근무형태는 ○조○교대로 한다.(필수)

제23조(근로시간) ① 근로시간 산정을 위한 기준이 되는 1주는 제32조 제1항에 따른 유급주휴일을 포함하여 ○요일부터 ○요일까지 7일로 하고, 이 중 근무일은 ○요일부터 ○요일까지 ○일이며, 매주 ○요일은 무급휴무일로 한다.
② 1주간의 근로시간은 휴게시간을 제외하고 40시간으로 한다. 다만, 18세 미만인 사원의 경우 1주간의 근로시간은 휴게시간을 제외하고 35시간으로 한다.
③ 1일의 근로시간은 휴게시간을 제외하고 00:00부터 00:00시까지 8시간으로 한다. 다만, 18세 미만 사원의 경우 1일의 근로시간은 휴게시간을 제외하고 00:00부터 00:00까지 7시간으로 한다.(필수)

제24조(휴게) ① 휴게시간은 제23조 제3항의 근로시간 중 00:00시부터 00:00시까지로 한다. 다만, 업무 사정에 따라 휴게시간을 달리 정하여 운영할 수 있다.
② 제1항 단서에 따라 휴게시간을 달리 정할 경우 회사는 해당되는 사원에게 미리 공지한다.(필수)

제25조(탄력적 근로시간제) ① 회사는 00월부터 00월까지 00개월 동안 생산직사원에 대하여 다음 각 호에 정하는 바에 따라 2주단위의 탄력적 근로시간제를 시행한다.
　1.주당 근무시간: 첫 주 00시간, 둘째 주 00시간
　2. 첫 주의 1일 근무시간: ○요일부터 ○요일까지 00시간(00:00부터 00:00까지, 휴게시간은 00:00부터 00:00까지)
　3. 둘째 주의 1일 근무시간: ○요일부터 ○요일까지 00시간(00:00부터 00:00까지, 휴게시간은 00:00부터 00:00까지)

② 회사는 사원이 제1항에 따라 근무하는 경우 1일 중 8시간을 초과한 근로시간에 대하여는 가산수당을 지급하지 아니한다.

③ 15세 이상 18세 미만의 사원과 임신 중인 여성사원은 탄력적 근로시간제를 적용하지 아니한다.

④ 이 조에 따른 탄력적 근로시간제는 이 규칙 시행일부터 ○년이 경과한 날까지 효력을 가진다.(선택)

제26조(선택적 근로시간제) ① 회사는 업무의 시작 및 종료 시각을 사원 의 결정에 맡기기로 한 다음 각 호의 어느 하나에 해당하는 사람에 대하여 사원대표와 서면으로 합의한 내용에 따라 근로기준법 제52조에 따른 선택적 근로시간제를 시행할 수 있다.

1. 연구개발팀 소속 사원
2. 디자인·설계팀 소속 사원

② 제1항에 따른 선택적 근로시간제에 관하여 회사가 사원대표와 서면으로 합의하여야 하는 내용은 다음 각 호와 같다.

1. 대상 사원의 범위
2. 정산기간(1개월 이내의 일정한 기간으로 정한다)
3. 정산기간의 총 근로시간
4. 반드시 근로하여야 할 시간대를 정하는 경우에는 그 시작 및 종료 시각
5. 사원이 그의 결정에 따라 근로할 수 있는 시간대를 정하는 경우에는 그 시작 및 종료 시각
6. 표준근로시간(유급휴가 등의 계산 기준으로 회사가 사원대표와 합의하여 정한 1일의 근로시간을 말한다)

③ 회사가 선택적 근로시간제를 시행하는 경우에는 정산기간을 평균하여 1주간의 근로시간이 40시간을 초과하지 아니하는 범위에서 1주에 40시간, 1일에 8시간을 초과하여 근로하게 할 수 있다.

④ 제1항 및 제2항에 따라 정산기간을 평균한 1주간의 근로시간이 40시간을 초과하지 않는 경우, 특정한 날 또는 주에 법정근로시간을 초과한 시간에 대하여는 가산수당을 지급하지 아니한다.

⑤ 15세 이상 18세 미만의 사원은 선택적 근로시간제를 적용하지 아니한다.

제27조(간주근로시간제) ① 사원이 출장, 파견 등의 이유로 근로시간의 일부 또는 전부를 사업장 밖에서 근로하여 근로시간을 산정하기 어려운 경우에는 소정근로시간을 근로한 것으로 본다.
② 사원이 출장, 파견 등의 업무를 수행하기 위하여 통상적으로 소정근로시간을 초과하여 근로할 필요가 있는 경우에는 그 업무의 수행에 통상 필요한 시간을 근로한 것으로 본다. 다만, 사원대표와 서면 합의를 통하여 이를 달리 정할 수 있다.

제28조(재량근로) 업무의 성질에 비추어 업무 수행 방법을 사원의 재량에 위임할 필요가 있는 업무로서 근로기준법 시행령에서 규정된 업무는 사원대표와 서면 합의로 정한 시간을 근로한 것으로 본다. 서면 합의 시 다음 각 호의 사항을 명시하여야 한다.
  1. 대상 업무
  2. 회사가 업무의 수행 수단 및 시간 배분 등에 관하여 사원에게 구체적인 지시를 하지 아니한다는 내용
  3. 근로시간의 산정은 그 서면 합의로 정하는 바에 따른다는 내용

제29조(연장·야간 및 휴일근로) ① 연장근로는 1주간 12시간을 한도로 사원의 동의하에 실시할 수 있다. 다만, 18세 미만 사원은 1일 1시간, 1주일에 5시간을 한도로 사원의 동의하에 실시할 수 있고, 산후 1년이 지나지 아니한 여성사원에 대하여는 단체협약이 있는 경우라도 1일 2시간, 1주 6시간, 1년 150시간을 한도로 사원의 동의하에 실시할 수 있으며, 임신 중인 여성사원은 연장근로를 실시할 수 없다.
② 연장근로에 대하여는 통상임금의 100분의 50 이상을 가산하여 지급한다.
③ 제2항에도 불구하고 회사는 휴일근로에 대하여는 다음 각 호의 기준에 따라 가산하여 사원에게 지급한다.
  1. 8시간 이내의 휴일근로: 통상임금의 100분의 50

2. 8시간을 초과한 휴일근로: 통상임금의 100분의 100

④ 회사는 야간근로(오후 10시부터 다음 날 오전 6시 사이의 근로를 말한다)에 대하여는 통상임금의 100분의 50 이상을 가산하여 사원에게 지급한다.

⑤ 회사는 사원대표와 서면 합의하여 연장·야간 및 휴일근로에 대하여 임금을 지급하는 것을 대신하여 휴가를 줄 수 있다.

제30조(야간 및 휴일근로의 제한) ① 18세 이상의 여성 사원을 오후 10시부터 오전 6시까지 근로하게 하거나 휴일에 근로를 시킬 경우 당해 사원의 동의를 얻어 실시한다.

② 임산부와 18세 미만인 사원에 대하여는 오후 10시부터 오전 6시까지의 시간 및 휴일에 근로를 시키지 않는 것을 원칙으로 한다. 다만, 다음 각 호의 어느 하나에 해당 하는 경우에는 그 시행 여부와 방법 등에 관하여 사원대표와 성실히 협의한 후 고용노동부장관의 인가를 받아 야간 및 휴일근로를 실시할 수 있다.

　1. 18세 미만자의 동의가 있는 경우

　2. 산후 1년이 지나지 아니한 여성의 동의가 있는 경우

　3. 임신 중의 여성이 명시적으로 청구하는 경우

제31조(근로시간 및 휴계·휴일의 적용 제외) ① 다음 각 호의 어느 하나에 해당하는 사원에 대하여는 1주 40시간, 1일 8시간을 초과하여 연장근로하거나 휴일에 근로하더라도 연장근로 및 휴일근로 가산임금을 지급하지 않는다.

　1. 감시·단속적 업무로서 고용노동부장관의 승인을 받은 경우

　2. 관리·감독 업무 또는 기밀취급 업무에 종사하는 경우

② 제1항의 각 호에 해당하는 사원이 야간에 근로한 경우 통상임금의 100분의 50 이상을 가산하여 지급한다.

제6장 휴일·휴가

제32조(유급휴일) ① 1주 동안 소정근로일을 개근한 사원에 대하여는 일요일을 유급주휴일로 부여한다.

② 근로자의 날(5월 1일)과 회사의 창립기념일인 00월 00일은 유급휴일로 한다.

③「관공서의 공휴일에 관한 규정」에 따른 공휴일 및 대체공휴일은 유급휴일로 한다. 다만, 사원대표와 서면 합의한 경우 특정한 근로일로 대체할 수 있다.

제33조(연차유급휴가) ① 1년간 80퍼센트 이상 출근한 사원에게는 15일의 유급휴가를 준다.

② 계속하여 근로한 기간이 1년 미만인 사원 또는 1년간 80퍼센트 미만 출근한 사원에게 1개월 개근 시 1일의 유급휴가를 준다.

③ 3년 이상 근속한 사원에 대하여는 제1항 규정에 따른 휴가에 최초 1년을 초과하는 계속 근로연수 매 2년에 대하여 1일을 가산한 유급휴가를 주며, 가산휴가를 포함한 총 휴가일수는 25일을 한도로 한다.

④ 제1항 및 제2항을 적용하는 경우 다음 각 호의 어느 하나에 해당하는 기간은 출근한 것으로 본다.

  1. 사원이 업무상의 부상 또는 질병으로 휴업한 기간
  2. 임신 중의 여성이 근로기준법 제74조 제1항부터 제3항까지의 규정에 따른 휴가로 휴업한 기간
  3. 「남녀고용평등과 일·가정 양립 지원에 관한 법률」 제19조 제1항에 따른 육아휴직으로 휴업한 기간

⑤ 회사는 인사노무관리의 편의상 회계연도 기준으로 연차유급휴가를 부여할 수 있다.

제34조(연차휴가의 사용) ①사원의 연차유급휴가는 1년간 행사하지 아니하면 소멸된다. 다만, 회사의 귀책사유로 사용하지 못한 경우에는 그러하지 아니하다.

② 회사는 제33조 제1항 및 제3항에 따른 연차유급휴가의 사용을 촉진하기 위하여 다음 각 호의 조치(이하 "사용촉진조치"라 한다)를 취할 수 있다. 회사의 사용촉진조치에도 불구하고 사원이 사용하지 아니한 연차유급휴가에 대하여는 금전으로 보상하지 아니한다.

1. 연차유급휴가 사용기간이 끝나기 6개월 전을 기준으로 10일 이내에 사원에게 사용하지 않은 휴가일수를 알려주고, 사원이 그 사용 시기를 정하여 회사에 통보하도록 서면으로 촉구할 것
2. 제1호에 따른 촉구에도 불구하고 사원이 촉구를 받은 때부터 10일 이내에 사용하지 않은 휴가의 전부 또는 일부의 사용 시기를 정하여 회사에 통보하지 않은 부분에 대하여 연차유급휴가 사용기간이 끝나기 2개월 전까지 회사가 사용 시기를 정하여 사원에게 서면으로 통지할 것

제35조(연차유급휴가의 대체) 회사는 사원대표와의 서면합의에 의하여 연차유급휴가일을 갈음하여 특정한 근로일에 사원을 휴무시킬 수 있다.

제36조(하기휴가) 사원은 00월 00일부터 00월 00일까지 사이에 하기(夏期)휴가를 사용할 수 있다. 이 경우 휴가개시일 3일 전에 부서의 장에게 승인을 받아야 한다.

제37조(경조사 휴가) ① 회사는 다음 각 호의 어느 하나에 해당하는 범위에서 사원의 신청에 따라 유급의 경조사휴가를 부여한다.

1. 본인의 결혼: 5일
2. 배우자의 출산: 10일
3. 본인·배우자의 부모 또는 배우자의 사망: 5일
4. 본인·배우자의 조부모 또는 외조부모의 사망: 3일
5. 자녀 또는 그 자녀의 배우자의 사망: 3일
6. 본인·배우자의 형제·자매 사망: 3일

② 제1항에 각 호(제2호 제외)에 따른 경조사 휴가기간 중 휴일 또는 휴무일이 포함되어 있는 경우에는 이를 포함하여 휴가기간을 계산한다.

제38조(생리휴가) 회사는 여성 사원이 청구하는 경우 월 1일의 무급생리휴
가를 부여한다.

제39조(병가) ① 회사는 사원이 업무 외 질병·부상 등으로 병가를 신청하
는 경우에는 연간 60일을 초과하지 않는 범위 내에서 병가를 허가할 수 있
다. 이 경우 병가기간은 무급으로 한다.
② 상해나 질병 등으로 1주 이상 계속 결근 시에는 검진의사의 진단서를
첨부하여야 한다.

제40조(난임치료휴가) ① 회사는 사원이 인공수정 또는 체외수정 등 난임
치료를 받기 위하여 휴가(이하 "난임치료휴가"라 한다)를 청구하는 경우에
연간 3일 이내의 휴가를 주어야 하며, 이 경우 최초 1일은 유급으로 한다.
다만, 해당 사원이 청구한 시기에 휴가를 주는 것이 정상적인 사업 운영
에 중대한 지장을 초래하는 경우에는 사원과 협의하여 그 시기를 변경할
수 있다.
② 난임치료를 받기 위한 휴가를 신청하려는 사원은 난임치료휴가를 시작
하려는 날의 3일 전까지 회사에 신청하여야 한다.
③ 회사는 난임치료휴가를 신청한 사원에게 난임치료를 받을 사실을 증명
할 수 있는 서류의 제출을 요구할 수 있다.

제7장 모성보호 및 일·가정 양립 지원

제41조(임산부의 보호) ① 임신 중의 여성 사원에게는 출산 전과 출산 후를
통하여 90일(한 번에 둘 이상 자녀를 임신한 경우에는 120일)의 출산전후휴
가를 준다. 이 경우 반드시 출산 후에 45일(한 번에 둘 이상 자녀를 임신한
경우에는 60일) 이상 부여한다.
② 임신 중인 여성 사원이 유산의 경험 등 근로기준법 시행령 제43조 제
1항이 정하는 사유로 제1항의 휴가를 청구하는 경우 출산 전 어느 때라
도 휴가를 나누어 사용할 수 있도록 한다. 이 경우 출산 후의 휴가 기간은

연속하여 45일(한 번에 둘 이상 자녀를 임신한 경우에는 60일) 이상이 되어야 한다.

③ 제1항 및 제2항에 따른 휴가 기간 중에 사원이 고용보험법에 따라 지급받은 출산전후휴가 등 급여액이 그 사원의 통상임금보다 적을 경우 회사는 최초 60일분(한 번에 둘 이상 자녀를 임신한 경우의 출산전후휴가는 75일분)의 급여와 통상임금의 차액을 지급한다.

④ 임신 중인 여성 사원이 유산 또는 사산한 경우로서 해당 사원이 청구하는 경우에는 다음 각 호에 따른 휴가를 부여한다. 다만, 모자보건법에서 허용되지 않는 인공중절 수술은 제외한다.

1. 유산 또는 사산한 여성 사원의 임신기간이 11주 이내인 경우: 유산 또는 사산한 날로부터 5일까지
2. 유산 또는 사산한 여성 사원의 임신기간이 12주 이상 15주 이내인 경우: 유산 또는 사산한 날로부터 10일까지
3. 유산 또는 사산한 여성 사원의 임신기간이 16주 이상 21주 이내인 경우: 유산 또는 사산한 날로부터 30일까지
4. 유산 또는 사산한 여성 사원의 임신기간이 22주 이상 27주 이내인 경우: 유산 또는 사산한 날로부터 60일까지
5. 임신기간이 28주 이상인 경우: 유산 또는 사산한 날로부터 90일까지

⑤ 회사는 사원이 출산전후휴가 급여 등을 신청할 경우 고용보험법에 따라 출산전후휴가 급여 등을 받을 수 있도록 증빙서류를 제공하는 등 적극 협조한다.

⑥ 임신 중의 여성 사원에게는 연장근로를 시키지 아니하며, 그 사원의 요구가 있는 경우 쉬운 종류의 근로로 전환시킨다.

⑦ 회사는 임신 후 12주 이내 또는 36주 이후에 있는 여성 사원이 1일 2시간의 근로시간 단축을 신청하는 경우 이를 허용하여야 한다. 다만, 1일 근로시간이 8시간 미만인 사원에 대하여는 1일 근로시간이 6시간이 되도록 근로시간 단축을 허용할 수 있다.

⑧ 회사는 제7항에 따른 근로시간 단축을 이유로 해당 사원의 임금을 삭감하지 아니한다.

⑨ 회사는 임산부 등 여성 사원에게 근로기준법 제65조에 따른 도덕상 또

는 보건상의 유해·위험한 직종에 근로시키지 아니한다.

제42조(태아검진 시간의 허용 등) ① 회사는 임신한 여성 사원이 모자보건
법 제10조에 따른 임산부 정기건강진단을 받는데 필요한 시간을 청구하는
경우 이를 허용한다.
② 회사는 제1항에 따른 건강진단 시간을 이유로 사원의 임금을 삭감하지
아니한다.

제43조(육아기 근로시간 단축) ① 회사는 근로자가 만 8세 이하 또는 초등
학교 2학년 이하의 자녀를 양육하기 위하여 근로시간의 단축(이하 "육아기
근로시간 단축"이라 한다)을 신청하는 경우에 이를 허용하여야 한다. 다만,
단축개시예정일의 전날까지 해당 사업에서 계속 근로한 기간이 1년 미만
인 경우, 같은 영유아의 육아를 위하여 배우자가 육아휴직을 하고 있는 경
우, 대체인력 채용이 불가능한 경우, 정상적인 사업 운영에 중대한 지장을
초래하는 경우 등 남녀고용평등법 시행령 제15조의2에 해당하는 경우에
는 그러하지 아니하다.
② 회사가 육아기 근로시간 단축을 허용하지 아니하는 경우에는 해당 사
원에게 그 사유를 서면으로 통보하고 육아휴직을 사용하게 하거나 그밖에
조치를 통하여 지원할 수 있는지를 해당 사원과 협의하여야 한다.
③ 회사가 해당 사원에게 육아기 근로시간 단축을 허용하는 경우 단축 후
근로시간은 주당 15시간 이상이어야 하고 35시간을 넘어서는 아니 된다.
④ 육아기 근로시간 단축의 기간은 1년 이내로 한다. 다만, 육아휴직을 신
청할 수 있는 근로자가 육아휴직 기간 중 사용하지 아니한 기간이있으면
그 기간을 가산한 기간 이내로 한다.
⑤ 회사는 사원이 육아기 근로시간 단축을 사용할 경우 고용보험법령이 정
하는 육아기 근로시간 단축 급여를 받을 수 있도록 증빙서류를 제공하는
등 적극 협조한다.

제44조(육아기 근로시간 단축 중 근로조건 등) ① 회사는 제43조에 따라 육
아기 근로시간 단축을 하고 있는 사원에 대하여 근로시간에 비례하여 적

용하는 경우 외에는 육아기 근로시간 단축을 이유로 그 근로조건을 불리하게 하지 아니한다.

② 제43조에 따라 육아기 근로시간 단축을 한 사원의 근로조건(육아기 근로시간 단축 후 근로시간을 포함한다)은 회사와 그 사원 간에 서면으로 정한다.

③ 회사는 제43조에 따라 육아기 근로시간 단축을 하고 있는 사원에게 단축된 근로시간 외에 연장근로를 요구할 수 없다. 다만, 그 사원이 명시적으로 청구하는 경우에는 회사는 주 12시간 이내에서 연장근로를 시킬 수 있다.

④ 육아기 근로시간 단축을 한 사원에 대하여 「근로기준법」 제2조 제6호에 따른 평균임금을 산정하는 경우에는 그 사원의 육아기 근로시간 단축 기간을 평균임금 산정기간에서 제외한다.

제45조(육아휴직과 육아기 근로시간 단축의 사용형태) 사원이 제17조와 제43조에 따른 육아휴직과 육아기 근로시간 단축의 사용형태는 다음과 같다.

1. 근로자는 육아휴직을 1회에 한정하여 나누어 사용할 수 있다.
2. 근로자는 육아기 근로시간 단축을 나누어 사용할 수 있다. 이 경우 나누어 사용하는 1회의 기간은 3개월(근로계약기간의 만료로 3개월 이상 근로시간 단축을 사용할 수 없는 기간제근로자에 대해서는 남은 근로계약 기간을 말한다) 이상이 되어야 한다.

제46조(육아시간) 생후 1년 미만의 아동이 있는 여성 사원의 청구가 있는 경우 제24조의 휴게시간 외에 1일 2회 각 30분씩 유급 수유시간을 준다.

제47조(가족돌봄 등을 위한 근로시간 단축) ① 회사는 사원이 다음 각 호의 어느 하나에 해당하는 사유로 근로시간의 단축을 신청하는 경우에 이를 허용하여야 한다. 다만, 대체인력 채용이 불가능한 경우, 정상적인 사업 운영에 중대한 지장을 초래하는 경우 등 남녀고용평등법 시행령으로 정하는 경우에는 그러하지 아니하다.

1. 사원이 가족의 질병, 사고, 노령으로 인하여 그 가족을 돌보기 위한 경우
2. 사원 자신의 질병이나 사고로 인한 부상 등의 사유로 자신의 건강을 돌보기 위한 경우
3. 55세 이상의 사원이 은퇴를 준비하기 위한 경우
4. 사원의 학업을 위한 경우

② 회사가 근로시간 단축을 허용하지 아니하는 경우에는 해당 사원에게 그 사유를 서면으로 통보하고 휴직을 사용하게 하거나 그밖에 조치를 통하여 지원할 수 있는지를 해당 사원과 협의하여야 한다.

③ 회사가 해당 사원에게 근로시간 단축을 허용하는 경우 단축 후 근로시간은 주당 15시간 이상이어야 하고 30시간을 넘어서는 아니 된다.

④ 근로시간 단축의 기간은 1년 이내로 한다. 다만, 제1항 제1호부터 제3호까지의 어느 하나에 해당하는 사원은 합리적 이유가 있는 경우에 추가로 2년의 범위 안에서 근로시간 단축의 기간을 연장할 수 있다.

⑤ 회사는 근로시간 단축을 이유로 해당 사원에게 해고나 그밖에 불리한 처우를 하여서는 아니 된다.

⑥ 회사는 사원의 근로시간 단축기간이 끝난 후에 그 사원을 근로시간 단축 전과 같은 업무 또는 같은 수준의 임금을 지급하는 직무에 복귀시켜야 한다.

제8장 임금

제48조(임금의 구성항목) ①사원에 대한 임금은 기본급 및 ○○수당과 연장·야간·휴일근로수당 등 법정수당으로 구성한다.

② 제23조의 근로시간을 초과하여 근로한 경우, 야간(22:00~06:00)에 근로한 경우, 휴일에 근로한 경우에는 제29조에 따라 가산하여 지급한다.

③ 제2항의 가산을 위한 통상임금에 산입하는 임금의 범위는 기본급 및 ○○수당으로 하되, 시간급 통상임금은 월 통상임금을 나누어 계산한다.

제49조(임금의 계산 및 지급방법) ① 임금은 매월 초일부터 말일까지를 산정기간으로 하여 해당 월의 00일 사원에게 직접 지급하거나 사원이 지정한 사원 명의의 예금계좌에 입금하여 지급한다. 다만, 지급일이 토요일 또는 공휴일인 경우에는 그 전일에 지급한다.

② 신규채용, 승진, 전보, 퇴직 등의 사유로 임금을 정산하는 경우에는 발령일을 기준으로 그 월액을 일할 계산하여 지급한다.

③ 회사는 사원이 임금 계산 내역 및 원천징수 공제된 내역을 확인할 수 있도록 급여명세서를 교부한다.

④ 회사는 최저임금의 적용을 받는 사원에게 최저임금액 이상의 임금을 지급하여야 한다.

제50조(비상시 지급) 사원이 다음 각 호의 사유로 청구하는 경우에는 지급기일 전이라도 이미 제공한 근로에 대한 임금을 지급한다.

1. 사원 또는 그의 수입에 의하여 생활을 유지하는 자의 출산, 질병 또는 재해의 비용에 충당하는 경우
2. 사원 또는 그의 수입에 의하여 생활하는 자의 혼인 또는 사망 시 그 비용에 충당하는 경우
3. 사원이 부득이한 사정으로 1주일 이상 귀향하는 경우

제51조(휴업수당) ① 회사의 귀책사유로 휴업하는 경우에는 휴업기간 동안 사원에게 평균임금의 100분 70의 수당을 지급한다. 다만, 평균임금의 100분의 70에 해당하는 금액이 통상임금을 초과하는 경우에는 통상임금으로 지급한다.

② 회사는 부득이한 사유로 사업을 계속하는 것이 불가능한 경우에는 노동위원회의 승인을 받아 제1항에 정한 금액에 못 미치는 휴업수당을 지급할 수 있다.

제52조(상여금 지급) ① 회사는 기본급의 00%를 상여금으로 지급한다. 다만, 단체협약에서 달리 정할 경우 그 기준에 의한다.

② 제1항의 상여금 중 00%는 매달 각 00%를 지급하고, 구정설날, 추석,

하기휴가 시에 각 00%를 지급한다. 각 상여금은 지급사유로 속한 달의 정기 임금지급일에 지급한다.

③ 퇴직자의 경우 상여금 지급일을 기준으로 일할 계산하여 지급하고 계속 근로 3개월 미만인 자는 지급대상에서 제외한다.

제9장 퇴직·해고 등

제53조(퇴직 및 퇴직일) ① 회사는 사원이 다음 각 호의 어느 하나에 해당할 때에는 사원을 퇴직시킬 수 있다.
  1. 본인이 퇴직을 원하는 경우
  2. 사망하였을 경우
  3. 정년에 도달하였을 경우
  4. 근로계약기간이 만료된 경우
  5. 해고가 결정된 경우

② 제1항에 의한 퇴직의 퇴직일은 다음 각 호와 같다.
  1. 사원이 퇴직일자를 명시한 사직원을 제출하여 수리된 경우, 사직원상 퇴직일
  2. 사원이 퇴직일자를 명시하지 아니하고 사직원을 제출한 경우, 이를 수리한 날. 다만, 회사는 업무의 인수인계를 위하여 사직원을 제출한 날로부터 30일을 넘지 않는 범위 내에서 퇴직일자를 지정하여 수리할 수 있다.
  3. 사망한 날
  4. 정년에 도달한 날
  5. 근로계약기간이 만료된 날
  6. 해고가 결정·통보된 경우, 해고일

제54조(해고) 사원이 다음 각 호의 경우와 같이 사회통념상 근로관계를 더 이상 존속하기 어렵다고 인정될 정당한 이유가 있는 경우 해고할 수 있다.

1. 신체 또는 정신상 장애로 직무를 감당할 수 없다고 인정되는 경우(의사의 소견이 있는 경우에 한함)
2. 휴직자로서 정당한 사유 없이 휴직기간 만료일 후 7일이 경과할 때까지 복직원을 제출하지 않은 경우
3. 징계위원회에서 해고가 결정된 경우
4. 기타 제1호 내지 제3호에 준하는 경우로서 정당한 이유가 있는 경우

제55조(해고의 제한) ① 사원이 업무상 부상 또는 질병의 요양을 위하여 휴업한 기간과 그 후 30일 동안은 해고하지 아니한다. 다만, 근로기준법 제84조에 따라 일시보상을 하였을 경우에는 해고할 수 있다.
② 산전(産前)·산후(産後)의 여성 사원이 근로기준법에 따라 휴업한 기간과 그 후 30일, 1년 이내 육아휴직 기간 동안은 해고하지 아니한다.

제56조(해고의 통지) ① 회사는 사원을 해고하는 경우에는 서면으로 그 사유 및 날짜를 기재하여 통지한다.
② 회사는 제1항에 따라 해고를 통지하는 경우 해고일로부터 적어도 30일 전에 해고예고를 하거나, 30일 전에 해고예고를 하지 아니하였을 때에는 30일분의 통상임금을 지급한다. 다만, 다음 각 호의 어느 하나에 해당하는 경우에는 그러하지 아니하다.
1. 사원이 계속 근로한 기간이 3개월 미만인 경우
2. 천재·사변, 그밖에 부득이한 사유로 사업을 계속하는 것이 불가능한 경우
3. 사원이 고의로 사업에 막대한 지장을 초래하거나 재산상 손해를 끼친 경우로서 근로기준법 시행규칙 별표에 정하는 사유에 해당하는 자
③ 사용자가 제2항에 따른 해고의 예고를 해고사유와 해고시기를 명시하여 서면으로 한 경우에는 제1항에 따른 통지를 한 것으로 본다.

제57조(정년) 정년은 만 60세에 도달한 날로 한다.

제10장 퇴직급여

제58조(퇴직급여제도의 설정) ① 회사는 퇴직하는 사원에게 퇴직급여를 지급하기 위하여 「근로자퇴직급여 보장법」 제19조에 따른 확정기여형퇴직연금제도를 설정한다.

② 회사는 제1항에도 불구하고 「근로자퇴직급여 보장법」 제4조 제1항에 따라 계속근로기간이 1년 미만이거나, 4주간을 평균하여 1주간의 소정근로시간이 15시간 미만인 사원에 대하여는 퇴직급여를 지급하지 아니한다.

③ 확정기여형퇴직연금제도의 가입대상, 가입기간, 부담금 납입수준 및 납입일 등 퇴직연금제도의 구체적인 운영에 관한 사항은 확정기여형퇴직연금규약에서 정한다.

제59조(중도인출) ① 확정기여형퇴직연금제도에 가입한 사원은 「근로자퇴직급여 보장법 시행령」 제14조에서 정한 사유가 있는 경우 퇴직하기 전에 퇴직연금사업자에게 적립금의 중도인출을 신청할 수 있다.

② 회사는 퇴직연금의 중도인출을 신청하는 사원의 요청이 있는 경우 관련 증빙서류의 제공에 응하여야 한다.

제11장 표창 및 징계

제60조(표창) ① 회사는 사원이 다음 각 호의 어느 하나에 해당하는 경우 표창할 수 있다.

1. 회사의 업무능률 향상에 현저한 공로가 인정된 자
2. 회사의 영업활동에 크게 기여한 자
3. 업무수행 성적이 우수한 자
4. 기타 표창의 필요가 인정되는 자

② 표창 대상자 및 표창의 방법은 위원회를 거쳐 결정한다.

제61조(징계) 회사는 다음 각 호의 어느 하나에 해당하는 사원에 대하여 위원회의 의결을 거쳐 징계할 수 있다.

1. 부정 및 허위 등의 방법으로 채용된 자
2. 업무상 비밀 및 기밀을 누설하여 회사에 피해를 입힌 자
3. 회사의 명예 또는 신용에 손상을 입힌 자
4. 회사의 영업을 방해하는 언행을 한 자
5. 회사의 규율과 상사의 정당한 지시를 어겨 질서를 문란하게 한 자
6. 정당한 이유 없이 회사의 물품 및 금품을 반출한 자
7. 직무를 이용하여 부당한 이익을 취한 자
8. 회사가 정한 복무규정을 위반한 자
9. 직장 내 성희롱 행위를 한 자
10. 다른 사원 등에 대하여 직장 내 괴롭힘 행위를 한 자
11. 기타 법령 위반 등 이에 준하는 행위로 직장질서를 문란하게 한 자

제62조(징계의 종류) 사원에 대한 징계의 종류는 다음과 같다.

1. 견책: 해당 사원에 대하여 경위서를 받고 문서로 견책한다.
2. 감봉(감급): 1회에 평균임금 1일분의 2분의 1, 총액은 월 급여총액의 10분의 1을 초과하지 않는 범위의 금액을 감액한다.
3. 정직: 중대 징계사유 발생 자에 대하여 3월 이내로 하고, 그 기간 중에 직무에 종사하지 못하며 그 기간 동안 임금을 지급하지 아니한다.
4. 해고: 근로계약을 해지한다.

제63조(징계심의) ① 위원회의 위원장은 징계의결을 위한 회의 7일 전까지 위원회의 위원들에게는 회의일시, 장소, 의제 등을, 징계대상 사원에게는 서면으로 별지2의 출석통지를 각 통보한다.
② 위원회는 징계사유를 조사한 서류와 입증자료 및 당사자의 진술 등 충분한 증거를 확보하여 공정하게 심의한다. 이 경우, 징계대상자가 위원회에 출석을 원하지 아니하거나 서면진술을 하였을 때는 별지2 하단의 진술권포기서 또는 별지3의 서면진술서를 징구하여 기록에 첨부하고 서면심사만으로 징계의결을 할 수 있다.

③ 위원회의 위원이 징계대상자와 친족관계에 있거나 그 징계사유와 관계가 있을 때에는 그 위원은 그 징계의결에 관여하지 못한다.

④ 위원회는 의결 전에 해당사원에게 소명할 기회를 부여한다.

⑤ 위원회는 징계 대상자가 2회에 걸쳐 출석요구에 불응하거나 소명을 거부하는 경우 또는 소명을 포기 하는 의사를 표시하는 경우에는 소명 없이 징계의결 할 수 있다.

⑥ 위원회는 징계심의와 징계의결을 진행하고, 별지4의 징계의결서 등을 작성·보관하여야 한다.

⑦ 간사는 징계의결을 위한 회의에 참석하여 회의록을 작성하고 이를 보관한다.

제64조(징계결과통보) 징계결과통보는 해당 사원에게 별지5의 징계처분사유 설명서에 의한다.

제65조(재심절차) ① 징계처분을 받은 사원은 징계결정이 부당하다고 인정될 때 징계통보를 받은 날로부터 7일 이내에 서면으로 재심신청을 할 수 있다.

② 재심을 요청받은 경우 위원회는 10일 이내에 재심을 위한 회의를 개최하여야 하며 그 절차는 제63조 및 제64조를 준용한다.

제12장 교육

제66조(교육시간) 이 규칙에서 규정한 교육은 근무시간 중에 실시하는 것을 원칙으로 하고 교육을 받는 시간은 근로를 제공한 것으로 본다. 다만, 사원과 합의로 근무시간 외에 직무교육을 받도록 할 수 있으며 이 경우의 처우에 관하여는 교육의 장소·일정 등을 고려하여 따로 정한다.

제67조(직무교육) 회사는 사원의 직무능력 향상을 위하여 필요한 경우 직무교육을 시킬 수 있으며 사원은 교육과정에 성실히 임하여야 한다.

제68조(장애인 인식개선 교육) 회사는 1년에 1회 이상 장애의 정의 및 장애 유형에 대한 이해, 직장 내 장애인의 인권, 장애인에 대한 차별금지 및 정당한 편의 제공, 장애인고용촉진 및 직업재활과 관련된 법과 제도 등을 내용으로 직장 내 장애인 인식개선 교육을 한다.

제69조(개인정보보호교육) ① 회사는 「개인정보보호법」에 따른 개인정보 취급자인 사원에 대하여 정기적으로 개인정보보호에 필요한 교육을 실시한다.
② 개인정보취급자인 사원은 제1항에 따른 교육을 받아야 한다.

제13장 직장 내 괴롭힘의 금지

제70조(직장 내 괴롭힘 행위의 금지) ① 직장 내 괴롭힘 행위란 사업주, 임원, 사원이 직장에서의 지위 또는 관계 등의 우위를 이용하여 업무상 적정 범위를 넘어 다른 사원 등에게 신체적, 정신적 고통을 주거나 근무환경을 악화시키는 행위를 말한다.
② 누구든지 직장 내 괴롭힘 행위를 하여서는 아니 된다.

제71조(금지되는 직장 내 괴롭힘 행위) 회사에서 금지되는 직장 내 괴롭힘 행위는 다음 각 호와 같다.
  1. 신체에 대하여 폭행하거나 협박하는 행위
  2. 지속·반복적인 욕설이나 폭언
  3. 다른 직원들 앞에서 또는 온라인상에서 모욕감을 주거나 개인사에 대한 소문을 퍼뜨리는 등 명예를 훼손하는 행위
  4. 합리적 이유 없이 반복적으로 개인 심부름 등 사적인 용무를 지시하는 행위
  5. 합리적 이유 없이 업무능력이나 성과를 인정하지 않거나 조롱하는 행위
  6. 집단적으로 따돌리거나, 정당한 이유 없이 업무와 관련된 중요한 정보 또는 의사결정 과정에서 배제하거나 무시하는 행위

7. 정당한 이유 없이 상당기간 동안 근로계약서 등에 명시되어 있는 업무와 무관한 일을 지시하거나 근로계약서 등에 명시되어 있는 업무와 무관한 허드렛일만 시키는 행위
8. 정당한 이유 없이 상당기간 동안 일을 거의 주지 않는 행위
9. 그밖에 업무의 적정범위를 넘어 직원에게 신체적·정신적 고통을 주거나 근무환경을 악화시키는 행위

제72조(직장 내 괴롭힘 예방교육) ① 회사는 직장 내 괴롭힘 예방을 위한 교육(이하 "직장 내 괴롭힘 예방교육"이라 한다)을 1년에 1회 이상 실시한다.
② 직장 내 괴롭힘 예방교육 시간은 1시간 이상으로 한다.
③ 직장 내 괴롭힘 예방교육의 내용은 다음 각 호와 같다.
　1. 직장 내 괴롭힘 행위의 정의
　2. 금지되는 직장 내 괴롭힘 행위
　3. 직장 내 괴롭힘 상담절차
　4. 직장 내 괴롭힘 사건처리절차
　5. 직장 내 괴롭힘 피해자 보호를 위한 조치
　6. 직장 내 괴롭힘 행위자에 대한 조치
　7. 그밖에 직장 내 괴롭힘 예방을 위한 내용
④ 회사는 직장 내 괴롭힘 예방교육의 주요 내용을 항상 게시하거나 사원들이 열람할 수 있도록 조치한다.

제73조(직장 내 괴롭힘 예방·대응 조직) 회사 내 인사부서에 직장 내 괴롭힘의 예방·대응 업무를 총괄하여 담당하는 직원(이하 "예방·대응 담당자"라 한다)을 1명 이상 둔다.

제74조(사건의 접수) ① 누구든지 직장 내 괴롭힘 발생 사실을 알게 된 경우 그 사실을 예방·대응 담당자에게 신고할 수 있다.
② 예방·대응 담당자는 제1항에 따른 신고가 있는 경우 또는 그밖에 방법으로 직장 내 괴롭힘 발생 사실을 인지한 경우 사건을 접수한다.

제75조(사건의 조사) ① 회사는 직장 내 괴롭힘 신고를 접수하거나 직장 내 괴롭힘 발생 사실을 인지한 경우에는 지체 없이 그 사실 확인을 위한 조사를 실시한다.

② 조사는 예방·대응 담당자가 담당한다.

③ 조사가 종료되면 사업주에게 보고한다.

④ 조사를 하는 경우 행위자에 대한 조치와 관련한 피해자의 의견을 들어야 한다.

⑤ 조사자 등 조사 과정에 참여한 사람은 조사 과정에서 알게 된 비밀을 피해자 의사에 반하여 다른 사람에게 누설하여서는 아니 된다. 다만, 조사와 관련된 내용을 사업주에게 보고하거나 관계 기관의 요청에 따라 필요한 정보를 제공하는 경우는 제외한다.

제76조(피해자의 보호) ① 회사는 정식 조사기간 동안 피해자가 요청하는 경우에는 근무장소의 변경, 유급휴가 명령 등 피해자의 요청을 고려하여 적절한 조치를 한다. 이 경우 피해자의 의사에 반하는 조치를 하여서는 아니된다.

② 회사는 직장 내 괴롭힘이 인정된 경우 피해자가 요청하면 근무장소의 변경, 배치전환, 유급휴가의 명령 등 적절한 조치를 한다.

③ 회사는 신고인 및 피해자에게 해고나 그밖에 불리한 처우를 하여서는 아니 된다.

제77조(직장 내 괴롭힘 사실의 확인 및 조치) 사업주는 직장 내 괴롭힘이 인정된 경우 지체 없이 행위자에 대하여 징계, 근무장소의 변경 등 필요한 조치를 한다.

제78조(고객의 폭언 등에 대한 조치) ① 고객을 응대하는 업무를 주로 하는 사원이 고객으로부터 폭언, 폭행 등을 당한 경우 회사는 해당 사원의 업무를 일시적으로 중단 또는 전환하거나 일정시간 휴게시간을 연장, 건강장해 관련 치료 및 상담 지원, 고소 및 고발 또는 손해배상 청구 등을 하는데 필요한 조치 등을 취한다.

② 회사는 고객응대 사원의 건강장해를 예방하기 위하여 폭언 등을 하지 않도록 요청하는 문구 게시 또는 음성 안내를 하고, 고객응대매뉴얼을 구비하여 고객이 폭언 등 부적절한 행동을 하였을 때 사원이 자신을 보호하기 위하여 어떠한 방어행동을 할 수 있는지를 주지시키는 고객응대 업무 매뉴얼과 건강장해 예방 관련 교육 등의 필요한 조치를 하여야 한다.

③ 일시적인 업무의 중단으로도 사원의 건강장해가 해소되지 않을 때에는 회사는 사원의 업무를 전환시켜야 한다.

④ 회사는 사원이 고객의 폭언 등으로 인한 피해 복구를 위한 요구를 하였다는 이유로 해고나 그밖에 불리한 처우를 하여서는 아니 된다.

제14장 직장 내 성희롱의 금지 및 예방

제79조(직장 내 성희롱의 금지) 누구든지 직장 내 성희롱을 하여서는 아니 된다.

제80조(직장 내 성희롱 예방교육) ① 회사는 직장 내 성희롱 예방교육을 연 1회 이상 실시한다.

② 사업주 및 사원은 제1항에 따른 성희롱 예방교육을 받아야 한다.

③ 직장 내 성희롱 예방교육의 내용에는 다음 각 호가 포함되어야 한다.

 1. 직장 내 성희롱에 관한 법령
 2. 직장 내 성희롱 발생 시 처리절차와 조치기준
 3. 직장 내 성희롱 피해 사원의 고충상담 및 구제절차
 4. 그밖에 직장 내 성희롱 예방에 필요한 사항

④ 회사는 성희롱 예방교육의 내용을 사원들이 자유롭게 열람할 수 있는 장소에 항상 게시하거나 갖추어 두어야 한다.

제81조(직장 내 성희롱 예방지침) ① 회사는 직장 내 성희롱 예방지침을 마련하고 사원이 자유롭게 열람할 수 있는 장소에 항상 게시하거나 갖추어 두어야 한다.

② 제1항의 직장 내 성희롱 예방지침에는 다음 각 호의 사항이 포함되어야 한다.
  1. 직장 내 성희롱 관련 상담 및 고충 처리에 필요한 사항
  2. 직장 내 성희롱 조사절차
  3. 직장 내 성희롱 발생 시 피해자 보호절차
  4. 직장 내 성희롱 행위자 징계 절차 및 징계 수준
  5. 그밖에 직장 내 성희롱 예방 및 금지를 위하여 필요한 사항

제82조(직장 내 성희롱 발생 시 조치) ① 회사는 직장 내 성희롱 발생 사실을 알게 된 경우에는 지체 없이 그 사실 확인을 위한 조사를 하여야 한다. ② 회사는 조사 기간 동안 피해사원 등을 보호하기 위하여 필요한 경우 해당 피해사원 등에 대하여 근무장소의 변경, 유급휴가 명령 등 적절한 조치를 하여야 한다. 이 경우 회사는 피해사원 등의 의사에 반하는 조치를 하여서는 아니 된다.

제83조(고객 등에 의한 성희롱 방지) ① 회사는 고객 등 업무와 밀접한 관련이 있는 자가 업무수행 과정에서 성적인 언동 등을 통하여 사원에게 성적 굴욕감 또는 혐오감 등을 느끼게 하여 해당 사원이 그로 인한 고충 해소를 요청할 경우 근무 장소 변경, 배치전환, 유급휴가의 명령 등 적절한 조치를 하여야 한다. ② 회사는 사원이 제1항에 따른 피해를 주장하거나 고객 등으로부터의 성적 요구 등에 불응한 것을 이유로 해고나 그밖에 불이익한 조치를 하여서는 아니 된다.

제15장 안전보건

제84조(안전보건관리규정) ① 회사는 사업장의 안전·보건을 유지하기 위하여 다음 각 호의 사항이 포함된 안전보건관리규정을 작성하여 각 사업장에 게시하거나 갖춰 두고, 이를 사원에게 알려야 한다.

1. 안전·보건 관리조직과 그 직무에 관한 사항
2. 안전·보건교육에 관한 사항
3. 작업장 안전관리에 관한 사항
4. 작업장 보건관리에 관한 사항
5. 사고 조사 및 대책 수립에 관한 사항
6. 그밖에 안전·보건에 관한 사항

② 각 부서는 회사의 안전보건관리규정에 따라 각 작업장의 안전보건관리를 실시하여야 한다.

③ 사원은 안전보건관리계획의 효과적인 운용을 위하여 적극적으로 협력하여야 한다.

제85조(안전보건 교육) 회사는 사원의 산업재해 예방을 위하여 안전 및 보건에 관한 정기교육, 채용 시의 교육, 작업내용 변경 시의 교육, 유해·위험 작업에 사용 시 특별안전 교육 등 산업안전보건법령에 따른 제반 교육을 실시하며 사원은 이 교육에 성실하게 참여하여야 한다.

제86조(위험기계·기구의 방호조치) 회사는 유해하거나 위험한 작업을 필요로 하거나 동력을 작동하는 기계·기구에 대하여 유해·위험 방지를 위한 방호조치를 하여야 하며 사원은 다음 각 호의 위험기계·기구의 방호조치 사항을 준수하여야 한다.
1. 방호조치를 해체하고자 할 경우 소속부서의 장의 허가를 받아 해체할 것
2. 방호조치를 해체한 후 그 사유가 소멸한 때에는 지체 없이 원상으로 회복시킬 것
3. 방호장치의 기능이 상실된 것을 발견한 때에는 지체 없이 소속부서의 장에게 신고할 것

제87조(보호구의 지급 및 착용) 회사는 사원이 유해·위험 작업으로부터 보호 받을 수 있도록 보호구를 지급하여야 하며 사원은 작업 시 회사에서 지급하는 보호구를 착용하여야 한다.

제88조(물질안전보건자료의 작성·비치) 회사는 사업장에서 사용하는 산업안전보건법 시행규칙 별표 11의 2에서 정하는 화학물질 및 화학물질을 함유한 제제에 대하여는 물질안전보건자료를 취급사원이 쉽게 볼 수 있는 장소에 게시하거나 갖추어야 한다.

제89조(작업환경측정) ① 회사는 산업안전보건법 제42조에 의한 작업환경측정을 실시하되, 원칙적으로 매 6개월에 1회 이상 정기적으로 실시한다.
② 제1항의 작업환경측정 시 사원대표의 요구가 있을 때에는 사원대표를 입회시킨다.
③ 회사는 작업환경측정의 결과를 사원에게 알려주며 그 결과에 따라 당해 시설 및 설비의 설치 또는 개선, 건강진단 등 적절한 조치를 한다.

제90조(건강진단) ① 회사는 사원의 건강보호·유지를 위하여 산업안전보건법 제43조에서 정하는 바에 따라 매년 1회 일반건강진단을 실시한다. 다만, 사무직은 매 2년에 1회 실시한다.
② 회사는 산업안전보건법 제43조 및 동법 시행규칙 제98조 등이 정하는 바에 따라 필요한 경우 특수·배치 전·수시·임시 건강진단 등을 실시한다.
③ 사원은 회사가 실시하는 건강진단을 성실히 받아야 한다.

제91조(산업안전보건법 준수) ① 회사는 이 규칙에서 정하지 아니한 사항에 대하여는 산업안전보건법에 따라 산업재해 예방을 위한 기준을 지켜 사원의 신체적 피로와 정신적 스트레스 등에 의한 건강장해를 예방하고 안전 및 보건을 유지·증진시킨다.
② 사원은 산업안전보건법에서 정하는 사항과 그 외의 업무에 관련되는 안전보건에 관하여 상사로부터 지시받은 사항을 정확하게 이행하여야 한다.

제16장 재해보상

제92조(재해보상) ① 사원이 업무상 부상 또는 질병에 걸린 경우와 사망하

였을 때의 보상은 산업재해보상보험법에 의한다.

② 산업재해보상보험법의 적용을 받지 않는 업무상 부상 또는 질병에 대하여는 근로기준법이 정하는 바에 따라 회사가 보상한다.

제17장 보칙

제93조(취업규칙의 비치) 회사는 이 규칙을 사업장 내의 사무실·휴게실 등에 비치하여 사원들이 자유롭게 열람할 수 있도록 한다.

제94조(취업규칙의 변경) 이 규칙을 변경할 때에는 사원의 과반수로 조직된 노동조합이 있는 경우 그 노동조합, 사원의 과반수로 조직된 노동조합이 없는 경우 사원의 과반수 의견을 청취한다. 다만, 규칙을 불리하게 변경하는 경우에는 동의를 받는다.

부 칙

제1조(시행일) 이 규칙은 20년월일부터 시행한다.

[별첨03] 별도의 직장 내 괴롭힘 예방·대응규정을 제정하는 경우(표준안)

■ 취업규칙으로 간단하게 직장 내 괴롭힘 행위를 규율하는 것보다 별도의 규정을 두어 규율할 수 있음
■ 직장 내 성희롱에 관한 예방규정을 마련하여 시행하고 있는 회사는 직장 내 성희롱을 포함한 직장 내 괴롭힘 예방규정을 통합, 제정하여 운영할 수 있음

제1조 (목적) 회사는 직장 내에서 괴롭힘 행위를 예방하여 직원들이 안전하게 근로할 수 있도록 이 규정을 시행한다.

제2조 (적용범위) 이 규정은 임·직원과 협력사 직원 및 특수형태근로종사자로서 회사와 계약을 맺고 있는 자(이하 "직원"이라 한다)에 대하여 적용한다.

제3조 (회사의 책무) 회사는 직장 내 괴롭힘을 예방하고 직장 내 괴롭힘이 발생하였을 때 적절히 대응할 수 있도록 정책을 수립·시행하여야 한다.

제4조 (직장 내 괴롭힘 행위의 금지) ① 직장 내 괴롭힘 행위란 임·직원이 직장에서의 지위 또는 관계 등의 우위를 이용하여 업무상 적정범위를 넘어 다른 직원에게 신체적·정신적 고통을 주거나 근무환경을 악화시키는 행위를 말한다.
② 누구든지 직장 내 괴롭힘 행위를 하여서는 아니 된다.

제5조(직장 내 괴롭힘 예방·대응 조직) 회사 내 인사부서에 직장 내 괴롭힘의 예방·대응 업무를 총괄하여 담당하는 직원(이하 "예방·대응 업무담당자"라 한다)을 1명 이상 둔다.

제6조(직장 내 괴롭힘 상담원) ① 회사는 제10조에 따른 상담업무를 담당하는 직원(이하 "상담원"이라 한다)을 둔다. 이 경우 직장 내 성희롱 사건에 관한 업무를 담당하는 고충상담원이 있는 경우 그를 상담원으로 할 수 있다.

② 상담원은 성을 고려하여 남성과 여성을 고루 배치하며, 직원들 사이에 신망이 높은 직원 중에서 선임한다.

③ 상담원은 직장 내 괴롭힘 사건에 관한 상담을 하면서 알게 된 내용을 누설하여서는 아니 된다. 다만, 사건의 처리를 위하여 결재권자 및 사업주에게 보고하는 경우는 그러하지 아니하다.

④ 상담원의 임기는 2년으로 하며, 연임할 수 있다.

제7조 (직장 내 괴롭힘 예방교육) ① 회사는 직장 내 괴롭힘 예방을 위한 교육(이하 "직장 내 괴롭힘 예방교육"이라 한다)을 1년에 1회 이상 실시한다.

② 직장 내 괴롭힘 예방교육은 1시간으로 한다.

③ 직장 내 괴롭힘 예방교육의 내용은 다음 각 호와 같다.

1. 직장 내 괴롭힘 행위의 정의
2. 금지되는 직장 내 괴롭힘 행위
3. 직장 내 괴롭힘 상담절차
4. 직장 내 괴롭힘 사건처리절차
5. 직장 내 괴롭힘 피해자 보호를 위한 조치
6. 직장 내 괴롭힘 행위자에 대한 조치
7. 그밖에 직장 내 괴롭힘 예방을 위한 내용

④ 회사는 직장 내 괴롭힘 예방교육의 주요 내용을 직원들이 쉽게 확인할 수 있도록 조치한다.

제8조(직장 내 괴롭힘 발생 시 처리절차) 회사는 직장 내 괴롭힘 사건을 처리하기 위하여 다음 각 호의 절차에 따른다.

1. 사건의 접수
2. 상담을 통한 피해자의 의사 확인
3. 피해자의 의사에 기초한 당사자 간 해결 또는 정식 조사의 실시
4. 정식 조사의 결과를 토대로 한 직장 내 괴롭힘의 확인
5. 행위자에 대한 징계 조치, 피해자 보호조치 등의 결정

제9조(사건의 접수) ① 누구든지 직장 내 괴롭힘 발생 사실을 알게 된 경우 그 사실을 예방·대응 담당자에게 신고할 수 있다.

② 예방·대응 담당자는 제1항에 따른 신고가 있는 경우 또는 그밖에 방법으로 직장 내 괴롭힘 발생 사실을 인지한 경우 사건을 접수한다.

제10조(상담) ① 제9조에 따라 사건이 접수된 경우 상담원은 지체 없이 신고인을 대면하여 상담한다.

② 신고인이 피해자가 아닌 제3자인 경우 상담원은 신고인을 먼저 상담한 후 피해자를 상담한다.

③ 상담원은 피해자에게 직장 내 괴롭힘에 관한 구제방법 및 회사 내 처리절차에 대하여 충분히 설명하고, 피해자가 사건의 해결을 위하여 선택하는 처리방향에 대하여 청취한다.

④ 상담원은 상담이 종료하면 그 결과를 예방·대응 담당자에게 보고하여야 한다.

⑤ 상담원은 상담 시 신고인 또는 피해자 등에게도 상담 내용에 대한 비밀유지 의무가 있음을 고지하여야 한다.

제11조(당사자 간 해결) ① 상담원은 피해자가 직장 내 괴롭힘 피해를 입었다고 판단하고, 피해자가 그 행위의 중단을 위하여 행위자와 분리되기만을 요구하는 경우, 그 내용을 예방·대응 담당자를 통하여 사업주에게 보고하여 상응하는 조치가 취해질 수 있도록 한다.

② 상담원은 피해자가 행위자의 괴롭힘 행위 중단 및 사과 등 직접적인 합의를 원하는 경우에는 피해 사실에 대하여 피해자와 피해자가 추천한 참고인 등에 관한 조사를 실시하고, 그 결과 직장 내 괴롭힘이 확인되면 피해자의 요구안을 정리하여 행위자에게 전달하여 합의를 진행한다.

③ 제2항에 따른 합의가 이루어진 경우에는 모든 관련 서류는 비공개처리하고 사건을 종결한다.

④ 제2항에 따른 합의가 이루어지지 않은 경우에는 상담원은 피해자를 다시 상담한 후 정식 조사의사 등을 확인하여 그에 따라 조치한다.

제12조(정식 조사) ① 회사는 피해자가 직장 내 괴롭힘에 관하여 정식 조사를 요구하는 경우 지체 없이 제13조에 따라 조사위원회를 구성하고, 조사

위원회가 구성되면 즉시 조사에 착수한다.

② 조사위원회는 조사가 개시된 날부터 20일 이내에 완료하여야 한다. 다만 특별한 사정이 있는 경우 10일의 범위에서 조사 기간을 연장할 수 있다.

③ 피해자 및 행위자에 대하여 조사하는 경우 2명 이내의 조사위원이 참여하여야 한다. 이 경우 외부 전문가가 위원으로 선임되어 있으면 그 위원이 참여하도록 노력하여야 한다.

④ 조사위원회는 조사가 종료되면 조사보고서를 작성하여 사업주에게 보고하고 인사위원회로 보고서를 이관한다.

⑤ 조사위원회는 제4항에 따른 조사보고서 작성 시 행위자에 대한 조치와 관련한 피해자의 의견을 듣고 그 내용을 기재하여야 한다.

⑥ 조사위원회와 조사를 받은 사람들은 비밀유지 서약을 하여야 하며, 조사 내용 및 조사과정에서 알게 된 사실을 다른 사람에게 누설하여서는 아니 된다.

⑦ 상담원은 직장 내 괴롭힘 조사 진행상황을 피해자에게 서면, 온라인, 전화 등의 방법을 통해 알려주어야 한다.

제13조(조사위원회) ① 직장 내 괴롭힘 사건의 공정하고 전문적인 조사를 위하여 조사위원회를 구성한다.

② 조사위원회는 노동조합에서 추천하는 사람 또는 노사협의회 근로자위원을 포함하여 5명 이내로 구성한다. 이 경우 조사의 전문성을 위하여 외부 전문가를 위원으로 선임할 수 있다.

③ 조사위원회 위원장은 위원 중에서 대표이사가 임명하는 사람으로 한다.

④ 제2항 및 제3항에도 불구하고 대표자가 행위자로 신고된 경우에는 회사의 감사가 조사위원회를 구성한다. 이 경우 감사는 회사의 비용으로 외부 전문가를 위원으로 선임할 수 있다.

〈참고〉 대표이사가 행위자인 경우 조사의 공정성을 위하여 감사가 조사를 실시하는 주체로 규정

제14조(조사기간 중 피해자 보호) 회사는 제12조에 따른 정식조사기간 동안 피해자가 요청하는 경우에는 근무장소의 변경, 유급휴가 명령 등 피해자의 요청을 고려하여 적절한 조치를 한다.

제15조(직장 내 괴롭힘 사실의 확인 및 조치) ① 제13조 제4항에 따라 조사위원회의 조사보고서가 이관되면 취업규칙 제00조에 따른 인사위원회 위원장은 지체 없이 인사위원회를 소집한다.
② 인사위원회는 조사위원회의 조사보고서를 토대로 직장 내 괴롭힘 인정 여부, 직장 내 괴롭힘 인정 시 행위자에 대한 징계 양정에 관한 사항을 의결한다.
③ 대표이사가 행위자로 신고된 경우 감사는 지체 없이 이사회 소집을 청구하고 소집된 이사회에 출석하여 조사 결과에 따라 직장 내 괴롭힘 인정 여부, 직장 내 괴롭힘 인정 시 대표이사에 대한 징계 등 조치에 관한 내용을 보고한다.
④ 이사회는 감사의 보고를 받으면 대표이사에 대한 조치를 의결한다. 다만, 인사위원회에서 통지한 대표이사에 대한 조치가 주주총회의 의결사항인 경우 지체 없이 임시총회를 소집한다.

〈참고〉 대표이사가 행위자인 경우 인사위원회에서 징계 등 조치를 결정하여 집행할 수는 없는 만큼, 상법을 참고하여 사업장 상황에 맞게 규정함
 * 위 제3항 및 제4항의 규정은 상법 제4장 주식회사 부분의 규정을 참고하여 규정한 예임

제16조(사건의 종결) ① 회사는 인사위원회의 의결 결과를 당사자에게 서면으로 통지하고 사건을 종결한다. 다만, 대표이사가 행위자인 경우에는 그러하지 아니하다.
② 인사위원회에서 직장 내 괴롭힘으로 인정하지 않은 경우 상담원은 피해자를 다시 상담하여 피해자의 고충을 해소할 수 있는 방법을 찾도록 노력하여야 한다.

〈참고〉 매뉴얼에 언급된 '심의위원회'를 구성할 경우 아래와 같이 규정을 만들 수 있을 것임

제〇조(심의위원회의 설치 및 구성)
 ① 직장 내 괴롭힘 사안의 처리를 심의하기 위하여 심의위원회를 구성한다.
 ② 위원회는 위원장을 포함한 6명의 위원으로 구성한다.
 ③ 위원장은 사업주가 지명하는 자로 한다.
 ④ 위원은 남성 또는 여성의 비율이 전체위원의 10분의 6을 초과하여서는 아니 되며, 위원 중 2명 이상을 외부 전문가들로 위촉한다.
 ⑤ 위원회의 개최 등 위원회의 사무를 처리하기 위하여 간사 1인을 두되, 간사는 상담원으로 한다.

제〇조(심의위원회의 회의)
 ① 심의위원회의 회의는 필요에 따라 위원장이 소집한다.
 ② 위원회 위원 중 인정할 만한 상당한 이유가 있는 경우 피해자는 특정위원을 기피신청하거나, 해당위원이 회피할 수 있다.
 ③ 위원회는 다음 각 호에 관하여 심의한다.
  1. 직장 내 괴롭힘 행위의 판단
  2. 피해자에 대한 보호 조치
  3. 행위자에 대한 징계 등 적절한 조치에 대한 권고
  4. 그밖에 직장 내 괴롭힘 행위의 재발 방지에 관한 사항
 ④ 위원회의 심의는 재적위원 과반수 찬성으로 의결한다.
 ⑤ 위원회는 심의결과를 사업주에게 보고 후, 당사자에게 서면으로 통보하여야 한다.

제17조(직장 내 괴롭힘 피해자의 보호) ① 회사는 제16조에 따라 직장 내 괴롭힘이 인정된 경우 피해자가 요청하면 근무장소의 변경, 배치전환, 유급휴가의 명령 등 적절한 조치를 한다.

② 회사는 피해자의 피해복구를 위해 심리상담 등 필요한 지원을 한다.

③ 회사는 사건이 종결된 때부터 2년 간 반기별로 해당 사건의 행위자에 의한 직장 내 괴롭힘 재발 여부, 피해자에 대한 불이익 처우 등이 발생하지 않는지 모니터링하고 피해자를 지원한다.

제18조(징계) ① 회사는 직장 내 괴롭힘 행위자에 대하여는 취업규칙 제00조에 따른 징계사유 등에 따르되, 무관용 원칙에 따라 징계 등이 이루어지도록 한다.

② 회사는 직장 내 괴롭힘 사건을 은폐하거나 피해자, 신고자 또는 사건 관련 진술자 등에게 신고 등을 이유로 또 다른 직장 내 괴롭힘 행위를 한 경우 관련자를 엄중 징계한다.

제19조(재발방지조치 등) ① 회사는 사건이 종결하면 직장 내 괴롭힘 행위의 재발 방지를 위하여 필요한 대책을 수립·시행한다.

② 회사는 직장 내 괴롭힘 행위의 재발 방지를 위하여 필요하다고 인정되는 경우 직장 내 괴롭힘 행위자에 대하여 상담 또는 교육 등을 실시하거나 받을 것을 명할 수 있다.

[별첨04] 출석통지서

출석 통지서

<table>
<tr><td rowspan="3">인
적
사
항</td><td rowspan="2">① 성명</td><td>한글</td><td></td><td>② 소 속</td><td></td></tr>
<tr><td>한자</td><td></td><td>③ 직위(급)</td><td></td></tr>
<tr><td colspan="2">④ 주소</td><td colspan="3"></td></tr>
<tr><td colspan="2">⑤ 출석이유</td><td colspan="3"></td></tr>
<tr><td colspan="2">⑥ 출석일시</td><td colspan="3">년   월   일   시   분</td></tr>
<tr><td colspan="2">⑦ 출석장소</td><td colspan="3"></td></tr>
<tr><td rowspan="3">유
의
사
항</td><td colspan="4">1. 진술을 위한 출석을 원하지 아니할 때에는 아래의 진술권 포기서를 즉시 제출할 것.</td></tr>
<tr><td colspan="4">2. 사정에 의하여 서면진술을 하고자 할 때에는 징계위원회 개최일 전일까지 도착하도록 진술서를 제출할 것.</td></tr>
<tr><td colspan="4">3. 정당한 사유서를 제출하지 아니하고 지정된 일시에 출석하지 아니하고, 서면진술서를 제출하지 아니하는 경우에는 진술할 의사가 없는 것으로 인정·처리 한다.</td></tr>
<tr><td colspan="5">취업규칙 제63조의 규정에 의하여 위와 같이 귀하의 출석을 통지합니다.

년   월   일

인사위원회위원장   (직인)

귀하</td></tr>
</table>

---------------------- 절 취 선 ----------------------

진술권 포기서

<table>
<tr><td rowspan="3">인
적
사
항</td><td rowspan="2">① 성명</td><td>한글</td><td></td><td>② 소 속</td><td></td></tr>
<tr><td>한자</td><td></td><td>③ 직위(급)</td><td></td></tr>
<tr><td colspan="2">④ 주소</td><td colspan="3"></td></tr>
<tr><td colspan="5">본인은 귀 인사위원회에 출석하여 진술하는 것을 포기합니다.

년   월   일

성명   (인)

인사위원회위원장 귀하</td></tr>
</table>

[별첨05] 서면진술서

서면 진술서

소속		직위(급)			
성명		제출기일	년	월	일
사건명					
불참 사유					

진술 내용

취업규칙 제63조의 규정에 의거 위와 같이 서면으로 진술하오며 만약 위 진술내용이 사실과 상이한 경우에는 여하한 처벌도 감수하겠습니다.

년　　　월　　　일

성명　　　　　　(인)

인사위원회위원장　　귀하

[별첨06] 징계의결서

징계 의결서

인적사항	소속	직급	성명
의결 주문			
이유			

년   월   일

인사위원회

위 원 장	(인)
위 원	(인)
위 원	(인)
위 원	(인)
위 원	(인)
위 원	(인)
간 사	(인)

※ 징계이유에는 징계의 원인이 된 사실, 증거의 판단과 관계규정을 기재한다.

징 계 처 분 사 유 설 명 서

① 소속	② 직위(급)	③ 성명
④ 주문		
⑤ 이유	별첨 징계의결서 사본과 같음	

위와 같이 처분하였음을 통지합니다.

년   월   일

처분권자 (처분제청권자)   (직인)

귀 하

참 고 : 이 처분에 대한 불복이 있을 때에는 취업규칙 제65조에 의하여 이 설명서
를 받은 날로부터 7일 이내에 인사위원회에 재심을 청구할 수 있습니다.

[별첨08] 상시 4명 이하의 근로자를 사용하는 사업 또는 사업장에 적용하는 법 규정

■ 근로기준법 시행령 [별표 1] 〈개정 2018. 6. 29.〉

상시 4명 이하의 근로자를 사용하는 사업 또는 사업장에 적용하는 법 규정(제7조 관련)

구분	적용법규정
제1장 총칙	제1조부터 제13조까지의 규정
제2장 근로계약	제15조, 제17조, 제18조, 제19조 제1항, 제20조부터 제22조까지의 규정, 제23조 제2항, 제26조, 제35조부터 제42조까지의 규정
제3장 임금	제43조부터 제45조까지의 규정, 제47조부터 제49조까지의 규정
제4장 근로시간과 휴식	제54조, 제55조 제1항, 제63조
제5장 여성과 소년	제64조, 제65조 제1항·제3항(임산부와 18세 미만인 자로 한정한다), 제66조부터 제69조까지의 규정, 제70조 제2항·제3항, 제71조, 제72조, 제74조
제6장 안전과 보건	제76조
제8장 재해보상	제78조부터 제92조까지의 규정
제11장 근로감독관 등	제101조부터 제106조까지의 규정
제12장 벌칙	제107조부터 제116조까지의 규정(제1장부터 제6장까지, 제8장, 제11장의 규정 중 상시 4명 이하 근로자를 사용하는 사업 또는 사업장에 적용되는 규정을 위반한 경우로 한정한다)

1. 법정근로시간과 소정근로시간

소정근로시간은 원칙적으로 임금의 지급대상인 시간을 의미합니다. 그러므로 소정근로시간을 1일 7시간으로 정한 경우에 소정근로시간을 초과하여 근로하였다 하더라도 법정근로시간(하루 8시간)을 초과하지 아니하면 법률상의 1일 단위의 연장근로가 되지 아니하며, 따라서 가산임금을 지급할 필요는 없습니다. 그러나 초과근로 분에 대하여는 본래의 임금을 소정근로시간에 대응한 7시간에 대하여 지급하는 것이므로, 1일 8시간 근로를 할 때에는 소정근로시간을 초과하여 근로한 1시간 분은 「근로기준법」상의 가산임금은 지급하지 아니하더라도 초과근로시간에 따른 상당액(1시간분의 상당액)으로서 이에 대한 통상임금은 지급하여야 합니다.

2. 5인 미만 사업장 적용 제외

근로시간 제한이 없고, 연장근로(초과근무), 야간, 주말근무 등의 가산수당이 없습니다. 사용자의 귀책사유로 인한 휴업 시 휴업수당이 지급되지 않습니다. 연차 및 생리휴가 부여의무가 없고, 정당한 사유 없이 해고가 가능하며, 해고 시 해고서면통지의 의무가 없으며, 부당해고 시 구제신청이 불가합니다.

3. 소기업과 소상공인

소기업이란 2015년 이전까지는 상시 근로자 50인 미만인 기준으로 하였으나 2015년 매출기준으로 변경하였습니다. 따라서 2016년부터는 3년간 매출액이 일반적인 제조업의 경우 120억 이하인 경우를 소기업으로 분류하고, 기타 다른 업종의 경우는 80~100억 매출 이하의 기업을 소기업으로 분류합니다. 소상공인은 소기업들 중에서 별도의 기준을 갖춘 회사를 소상공인이라고 합니다. 소기업 중 광공업, 제조업, 건설업 및 운수업은 상시 근로자 10인 미만을 말하고, 그 외 업종은 5인 미만을 말합니다.

4. 사직의 철회 가능 여부

[민법]상 원칙에 의하면 계약의 청약은 철회할 수 없습니다.([민법]제527조) 그러나 근로계약관계는 계속적 채권관계이고 목적이 종속적 노동을 대상으로 하고 있어 사용자가 퇴직을 승낙하는 취지의 통보가 이루어지기 전이면 철회가 가능합니다.(근로기준과 - 2103)

사용자의 승낙의사가 확정적으로 형성되어 근로관계 종료의 효과가 발생하기 전에는 철회가 가능하나 사용자에게 불측의 손해를 주는 등 신의성실의 원칙에 반할 경우 불가능합니다.(대법2002다11458)

5. 퇴직일 지정한 사직의사

근로자가 퇴직일을 지정해서 사직의 의사표시를 한 경우, 사용자는 그 퇴사일 전이라도 지정한 퇴직일을 근로관계 종료일로 지정해 승낙의 의사표시를 할 수 있습니다. 다만, 사용자는 근로자가 지정한 퇴직일 전을 근로종료일로 하여 승낙할 경우 근로자가 지정한 퇴직일까지 임금을 지급하고 바로 퇴직 조치를 취할 수 있습니다.

6. 실업급여 피보험 단위기간

이직 전 18개월간 보수지급의 기초가 된 날로 근로한 날과 근로하지 않았더라도 사업주로부터 보수를 지급받은 유급휴일과 유급수당을 지급받은 날을 포함한 일수가 180일 이상일 경우 실업급여 수급이 가능합니다.

7. 병가 처리

병가란 말 그대로 근로자가 업무상 재해가 아닌 개인의 부상, 질병으로 출근이 불가능할 때, 근로자가 회사에 승인을 받아 병가를 실시하는 것으로 원칙상으로 무급이며, 병가에 대해서는 근로기준법의 적용을 받지 못하기 때문에 회사는 취업규칙이나 규정, 관례에 따라 처리하여야 합니다. 따라서 병가의 기간도 사전에 기준을 마련하는 것이 좋습니다.

8. 근로시간(근로의 시작과 종료)

근기법상 '근로시간'이란 근로자가 사용자의 지휘/감독 하에 근로계약상의 근로를 제공하는 시간을 말합니다.(대법 2017.12.13, 2016다243078)

근무복을 갈아입는 시간, 작업도구 준비, 작업전 회의, 교대시간, 작업 후 목욕시간, 작업종료 후 정돈시간 등 실근로에 부수된 작업이 단체협약 또는 취업규칙 등에 의무화 되어 있으면, 이에 소요되는 시간은 근로시간에 해당합니다.(대법 1993.3.9, 92다22770)

9. 퇴사일

퇴사일은 근로제공 마지막 날의 다음날이지만, 퇴직소득 원천징수영수증 상에 퇴직 날짜는 퇴직금이 산정되는 기간으로 보기 때문에 마지막 근무일로 명시되어야 합니다.

소기업 및 소상공인을 위한
인사노무행정 실무참고서

김종환 지음

발 행 처 · 도서출판 청어
발 행 인 · 이영철
영   업 · 이동호
홍   보 · 천성래
기   획 · 남기환
편   집 · 방세화
디 자 인 · 이수빈 | 김영은
제작이사 · 공병한
인   쇄 · 두리터

등   록 · 1999년 5월 3일
(제321-3210000251001999000063호)

1판 1쇄 발행 · 2022년 6월 20일

주   소 · 서울특별시 서초구 남부순환로 364길 8-15 동일빌딩 2층
대표전화 · 02-586-0477
팩시밀리 · 0303-0942-0478

홈페이지 · www.chungeobook.com
E-mail · ppi20@hanmail.net
I S B N · 979-11-6855-041-4(13350)